O
CAMINHO TOLTECA
DA
GRANDE
LIBERDADE

Dados Internacionais de Catalogação na Publicação (CIP)
(Câmara Brasileira do Livro, SP, Brasil)

Amara, HeatherAsh
  O caminho tolteca da grande liberdade : descubra os quatro elementos de transformação / HeatherAsh Amara ; tradução de Karen Clavery Macedo. – 1. ed. – Petrópolis, RJ : Vozes, 2023.

  Título original: A little book on Big Freedom
  ISBN 978-65-5713-973-8

  1. Autorrealização (Psicologia) 2. Filosofia tolteca 3. Nova Era (Movimento esotérico) 4. Vida espiritual 5. Xamanismo I. Título.

23-151963   CDD-299.792

Índices para catálogo sistemático:
1. Filosofia tolteca   299.792

Aline Graziele Benitez – Bibliotecária – CRB-1/3129

HeatherAsh Amara

O CAMINHO TOLTECA DA GRANDE LIBERDADE

DESCUBRA OS QUATRO ELEMENTOS
DE TRANSFORMAÇÃO

Tradução de Karen Clavery Macedo

Petrópolis

© 2019 by HeatherAsh Amara.

Tradução realizada a partir do original em inglês intitulado
A little book on Big Freedom – Discover the Four Elements of Transformation.

Direitos de publicação em língua portuguesa – Brasil:
2023, Editora Vozes Ltda.
Rua Frei Luís, 100
25689-900 Petrópolis, RJ
www.vozes.com.br
Brasil

Todos os direitos reservados. Nenhuma parte desta obra poderá ser reproduzida ou transmitida por qualquer forma e/ou quaisquer meios (eletrônico ou mecânico, incluindo fotocópia e gravação) ou arquivada em qualquer sistema ou banco de dados sem permissão escrita da editora.

CONSELHO EDITORIAL
Diretor
Volney J. Berkenbrock

Editores
Aline dos Santos Carneiro
Edrian Josué Pasini
Marilac Loraine Oleniki
Welder Lancieri Marchini

Conselheiros
Elói Dionísio Piva
Francisco Morás
Gilberto Gonçalves Garcia
Ludovico Garmus
Teobaldo Heidemann

Secretário executivo
Leonardo A.R.T. dos Santos

Diagramação: Monique Rodrigues
Revisão gráfica: Lorena Delduca Herédias
Capa: Érico Lebedenco

ISBN 978-65-5713-973-8 (Brasil)
ISBN 978-1-938289-89-7 (Estados Unidos)

Este livro foi composto e impresso pela Editora Vozes Ltda.

Que essas palavras ajudem todos os seres a equilibrar mente, espírito, emoções e corpo e a retornar ao seu centro autêntico e divino.

*Todo ser humano tem quatro dons – autoconhecimento,
consciência, vontade independente e imaginação criativa.
Esses dons nos dão a derradeira liberdade humana...
o poder de escolher, de responder, de mudar.*

Stephen Covey

SUMÁRIO

Introdução, 9

1 Um novo sonho, um novo caminho, 21

2 Ar: a arte da clara percepção – Recuperando sua clareza e sua visão, 32

3 Fogo: a arte da limpeza – Limpando o que já não serve mais, 65

4 Água: a arte da abertura – Abrindo espaço para o fluxo, 100

5 Terra: a arte da nutrição – Alimentando as suas profundezas, 129

Conclusão, 157

Agradecimentos, 163

INTRODUÇÃO

Em si mesmo está o mundo inteiro, e se você souber olhar e aprender, então a porta estará lá, e a chave estará em sua mão. Ninguém no planeta pode lhe dar essa chave ou indicar a porta que deve ser aberta, exceto você mesmo.

• Krishnamurti •

Liberdade.

Essa palavra tem um toque inspirador, que promete libertação da escravidão e desperta a possibilidade pura. As antigas origens inglesas e germânicas da palavra *freedom* [liberdade] apontam para algo ainda mais profundo, ligando-a à palavra *friend* [amigo] por meio de uma raiz compartilhada que significa "amar".

Por vezes usamos a palavra *liberdade* para significar a capacidade de nos movermos sem restrições no mundo e de nos expressarmos abertamente. Podemos viver onde quisermos, associar-nos a quem quisermos e ler livros como este de maneiras que nunca precisaríamos dar como certas. Esse tipo de liberdade externa é incrivelmente importante. Mas o assunto deste livro é ainda mais profundo.

Este livro é sobre outro tipo de liberdade – uma liberdade que só pode vir de dentro. Essa é a liberdade da negatividade interior, do autojulgamento prejudicial, das crenças autolimitantes e da dor emocional de experiências passadas. É a liberdade que cresce a partir de uma profunda amizade com o nosso eu mais verdadeiro, em que as nossas crenças e ações vêm de um lugar de amor e não de medo. Essa é a liberdade que abre o seu coração, bombeia coragem em suas veias e traz o conhecimento de que, embora você não possa ter escolha sobre o que acontece no mundo, *sempre* tem uma escolha sobre a maneira como responde a isso.

É o que eu chamo de Grande Liberdade.

Na minha opinião, cada um de nós nasce com a Grande Liberdade. Você pode ver isso nos olhos de um bebê recém-nascido, que refletem não uma ponta de julgamento ou autocrítica, mas sim um sentimento de encanto, admiração, gratidão e curiosidade.

No entanto, à medida que crescemos, as coisas começam a mudar. Começamos a construir muros à nossa volta com base em medos, crenças e experiências traumáticas. Olhando para trás, vemos que alguns desses muros eram necessários na época; eles provavelmente nos protegeram e nos mantiveram seguros. Mas, sem que percebamos, esses muros protetores podem se tornar uma prisão e nos separar não apenas do perigo potencial mas também da alegria e da conexão.

Uma das vantagens de ser adulto é que você pode se libertar desses confinamentos e escolher como quer viver. Você pode construir a casa dos seus sonhos e viver na Grande Liberdade – agora mesmo.

Imagine-se como uma casa. A sua mente, o seu corpo e o seu espírito estão contidos nessa forma física. Você constrói a casa de si mesmo desde a infância, baseando-se muitas vezes nos projetos de outras pessoas. Agora, como adulto, se você tivesse todos os recursos à sua disposição para remodelar a sua vida, como escolheria fazê-lo? Como você faria da sua vida uma base para a expressão da Grande Liberdade que é seu direito inato?

Sempre que se inicia qualquer projeto de reforma, o primeiro passo é avaliar a estabilidade da estrutura atual. Os pavimentos da sua casa interna repousam solidamente em uma conexão permanente com a sua verdade interior? Ou eles estão praticamente equilibrados em crenças falsas e acordos ultrapassados que você criou ou que lhe foram ditos quando criança? Uma base interna instável permite que a ansiedade, o medo e um sentimento de escassez prevaleçam em toda a sua casa.

A nossa base existente foi criada no início da vida, às vezes a partir de pequenos eventos que têm um impacto enorme em nossos pensamentos, sentimentos e ações. Quando compreendemos a mecânica de como a nossa antiga casa foi construída, temos o conhecimento para então arregaçar as mangas e começar a nos reconstruir de dentro para fora.

Bases defeituosas

Cada um de nós é formado e informado por certas experiências centrais. A história a seguir é um exemplo de uma situação que ativa temas comuns que muitos de nós vivenciamos no início da vida: decepção, confusão, incompreensão e medo. Ao ler a história, veja se você consegue se lembrar de alguma experiência em sua própria infância que tenha criado sentimentos semelhantes dentro de você.

Eu tenho três anos e estou brincando com a minha irmã indisciplinada de oito anos. Estamos rindo e correndo alegremente pela casa, acenando com os braços, os pés mal tocando o chão.

De repente, ouço um barulho alto atrás de mim. Eu me viro para ver e percebo que minha irmã acidentalmente tinha derrubado um vaso que se estilhaçou por todo o chão. Nós ficamos congeladas e olhamos uma para a outra, imaginando o que fazer em seguida. Minha irmã balança a cabeça e diz: "É melhor limparmos isso antes que a mamãe volte para dentro". Mas, quando entramos na cozinha para pegar a vassoura, decidimos fazer um lanche primeiro. Em pouco tempo, nós estamos rindo e brincando novamente, esquecendo tudo sobre o vaso.

Enquanto isso, nossa mãe está lá fora trabalhando no jardim. Ela está com calor, cansada e ainda chateada por causa de uma discussão que teve com o nosso pai no início do dia. Ela está pensando em tudo o que precisa fazer e tentando se fortalecer para superar seu estado atual, ou seja, de estar física e emocionalmente sobrecarregada.

O dia ruim de mamãe está prestes a piorar.

Quando entra em casa, ouve minha irmã e eu rindo e correndo. Então ela vê o vaso de sua avó – *a única coisa que sua avó tinha lhe dado* – estilhaçado no chão.

Apesar de raramente ter gritado ou ter se aborrecido conosco, nesse dia nossa mãe perde o controle. Ela começa a gritar: "Quem quebrou o meu vaso?! Quem quebrou o meu vaso?!"

Minha irmã e eu entramos correndo pela sala da frente, ambas assustadas enquanto ela está gritando conosco sobre o vaso, exigindo saber quem o tinha quebrado.

Em pânico, minha irmã aponta para mim e diz: "Foi ela!"

Eu olho para ela, e depois para minha mãe, gaguejando: "Eu... eu... eu não queb..."

"Você! Vá para o seu quarto agora!", mamãe grita.

Agora, feche os olhos por um momento e imagine que você é uma criança e que acabou de receber uma punição por algo que não fez. Como você sente isso em seu corpo? Que pensamentos estão começando a circular pela sua mente?

Você pode ter uma forte reação emocional, um formigamento que vai da cabeça aos pés. Fisicamente, pode sentir uma agitação no estômago, um aperto na garganta ou uma sensação de tristeza no peito. Você pode estar com raiva e se sentir traído. Você pode se sentir assustado ou confuso.

A emoção em si não é o problema, mas *o que fazemos em seguida* cria o pano de fundo para a maior parte do nosso sofrimento contínuo como adultos.

Contamos a nós mesmos uma história.

Como uma criança, considere algumas das coisas que você pode dizer a si mesmo para tentar entender o que acabou de acontecer:

- Mamãe ama a minha irmã mais do que me ama.
- As pessoas vão mentir ou me trair para atender a seus próprios interesses.
- Se eu mentir, não serei punido.
- Não é seguro brincar ou sentir alegria; desse jeito vou arranjar problemas.
- Eu não posso confiar na mamãe.
- Eu tenho de ser extremamente cuidadoso e ganhar o sentimento de amor e segurança.
- Sou mau, desastrado e estúpido.
- Os objetos materiais são mais importantes do que as pessoas.
- A vida não é justa.

Qualquer um desses pensamentos pode não ser nada – como um dente-de-leão soprado ao vento sem criar raízes. Ou o sopro pode pousar em solo fértil e começar a criar raízes e lançar folhas. Sem que você perceba, um campo inteiro de ervas daninhas brotou. Esses pequenos pensamentos têm um poder imenso – não o seu próprio poder, mas o poder que damos a eles. Somos criadores incríveis, mas o que criamos é muitas vezes baseado em sementes de pensamentos falsos que, quando plantadas, criam raízes e florescem em *acordos* que fazemos conosco e com os outros.

Embora a situação com o vaso seja um trauma relativamente pequeno, o objetivo é ver como um breve incidente pode plantar sementes de dúvida, confusão e mal-entendidos, que depois podem se transformar em acordos maiores que afetam toda a nossa vida até que os investiguemos e os desenraizemos. A criança nesse contexto pode nem sequer se lembrar do incidente quando crescer, mas é possível ver o impacto que a situação pode ter no seu pensamento – especialmente se coisas assim ocorrerem regularmente. Em um nível inconsciente, ela literalmente criará uma realidade que crescerá a partir desses casos de acordos de infância. Essas crenças se tornarão um piso instável para todas as suas ações futuras.

- Reserve um momento para refletir sobre as suas próprias experiências.
- Onde você ergueu paredes parecidas com prisões baseadas em histórias passadas?
- Quais são as histórias que você conta a si mesmo que fazem você se sentir desamparado ou vitimizado em vez de poderoso e confiante?

- De que forma essas histórias limitam a maneira como você percebe sua história de vida, seus talentos e suas possibilidades para o futuro?

Para muitos de nós, há mais do que uma crença em uma variedade de áreas. Às vezes nós nos contamos essas histórias por tanto tempo que já não as reconhecemos como histórias. Nós as confundimos com "a forma como as coisas são". Desenterrar essas crenças pode levar tempo e energia, mas devemos trazê-las à tona e expulsá-las se quisermos ser livres.

A boa notícia é que você não precisa conhecer a origem dessas crenças para corrigi-las e substituí-las; tudo o que você precisa fazer é (1) ser honesto consigo mesmo sobre o estado atual de sua casa interna e (2) estar disposto a fazer o trabalho de reconstrução desde o início.

Construindo a vida que você quer

Como mostra a história do vaso, muitas vezes aprendemos comportamentos, enquanto crianças, que nos levam a ir contra a nossa própria natureza. Os nossos pais, ou aqueles que nos criaram, provavelmente estavam fazendo o melhor que podiam ao colocar em prática o que aprenderam com a geração anterior à deles. Perceber isso nos permite fazer uma avaliação honesta de nossa estrutura interna atual. Esse é o primeiro passo para derrubar as nossas antigas paredes – e construir uma nova casa, uma casa que reflita a vida que queremos.

A minha própria jornada para a Grande Liberdade começou há mais de trinta anos. Ao longo de muitos anos de aprendizado xamânico, trabalho interior e progressos espirituais e, finalmente, depois de ter me tornado minha própria professora, notei um padrão interessante em minha vida: os meus avanços emocionais ou momentos de cura foram frequentemente seguidos por períodos intensos de depressão, medo e incerteza. Percebi que, apesar da minha evolução consciente, a estrutura subjacente do meu antigo eu ainda estava viva e resistente à transformação. Eu me perguntava se outras pessoas tinham experiências semelhantes e se havia uma maneira de facilitar uma oportunidade duradoura no âmago do meu ser.

Logo depois dessa percepção, dediquei seis meses a observar intensamente essa relutância em mim e nos meus alunos. Embora muita coisa tivesse mudado para melhor na minha vida, alguns problemas profundamente enraizados mantiveram-me fora do equilíbrio. Dois dos meus maiores problemas foram a necessidade de procurar respostas fora de mim e o desejo de controlar o comportamento de outras pessoas para me sentir segura. Apesar da minha consciência desses velhos comportamentos, lutei para me libertar deles. Durante esse tempo, não parava de me perguntar: *como sair dessas limitações? Qual é a chave para a transformação pessoal total?*

Felizmente, eu estava empenhada em trazer curiosidade, paciência e abertura para essas questões, o que permitiu que as respostas chegassem a partir de lugares inesperados. A minha maior resposta veio em um sonho que cristalizou anos de trabalho com muitos professores, curandeiros e tradições espirituais diferentes. Esse sonho mostrou-me um caminho para viver uma vida equilibrada em meio a uma grande mudança interior e foi baseado nos quatro elementos: ar, fogo, água e terra. Como resultado desse sonho, percebi que os quatro elementos são símbolos de transformação e que os presentes que eles nos oferecem podem ser poderosos instrumentos de mudança em todas as áreas da vida.

Vou compartilhar os detalhes desse sonho com você nas páginas seguintes.

Neste livro, embarcaremos em um caminho para viver uma vida aberta e equilibrada – algo que parece mais importante agora, em nossos tempos incertos, do que em qualquer momento da história recente. Esse caminho baseia-se nos quatro elementos de ar, fogo, água e terra – elementos essenciais que, quando aproveitados, podem ser poderosos instrumentos de transformação. Vamos partir juntos para esse novo caminho.

1
UM NOVO SONHO, UM NOVO CAMINHO

> *Somos os elos vivos de uma força vital que se move e brinca ao nosso redor e por meio de nós, ligando os solos mais profundos às estrelas mais distantes.*
> • Alan Chadwick •

Ar, fogo, água e terra são os pilares da vida. Do ar que se respira à terra em que se caminha, da água que se bebe ao calor que se sente do sol, a sua própria existência depende de cada um dos elementos. Sem qualquer um deles, toda a vida no planeta deixaria de existir.

Povos indígenas de todo o mundo sempre honraram os quatro elementos como aliados permanentemente presentes. Das tradições xamânicas nas Américas às raízes do budismo no Oriente, do ritual africano às escolas de mistério gregas e romanas da Europa, os elementos ar, fogo, água e terra estão presentes em cada uma dessas tradições espirituais. Ao nos abrirmos para a sabedoria transmitida por meio dessas linhagens, podemos aprender a usar os elementos como ferramentas para a transformação pessoal.

Os quatro elementos são guias poderosos de como viver em alinhamento com o seu verdadeiro eu. Cada sopro de ar pode trazer mais amplitude para o seu ser. O fogo convida-o a queimar o que já não serve. A água mostra como ser fluido e aberto ao que a vida traz. A terra sob os seus pés lembra-o de se nutrir e se sustentar sempre e de todas as maneiras. Cada elemento oferece uma ferramenta de transformação, e juntos representam um caminho para a Grande Liberdade.

Em algum momento, cada um de nós experimentou um profundo sentimento de conexão com a natureza. Sabemos que é a nossa casa e desejamos voltar a ela. Isso levanta algumas questões. Que ensinamentos secretos e antigos esperam-nos nos blocos de construção elementares da natureza? Como eles inspiram uma compreensão mais profunda de nós mesmos e guiam-nos pelo mundo cada vez mais complexo em que vivemos? As respostas a essas perguntas formam a estrutura deste livro.

Como mencionei, o poder dos quatro elementos e os seus dons particulares vieram até mim em um sonho que tive vários anos atrás. As culturas xamânicas, as tradições espirituais orientais e até mesmo algumas comunidades seculares no Ocidente reconhecem o poder dos sonhos. Para começarmos juntos a nossa jornada, compartilharei meu sonho agora com você.

O Sonho dos Anciãos

Estou em um prado vasto, macio e verdejante. Percebo que estou no centro de um círculo de anciãos que estão me encarando. Para além deles, vejo que estamos cercados por um amplo céu azul-violeta.

Um dos anciãos olha no fundo dos meus olhos e diz: "A qualquer momento, você tem a capacidade de se fundir total e completamente em seu centro".

"Isso requer uma quantidade enorme de concentração, pois significa superar as suas crenças limitantes", outro diz, olhando, para além dos meus olhos, para a minha própria alma. "Como indivíduos e em comunidade, os humanos estão à beira de uma grande mudança. Os quatro elementos do ar, do fogo, da água e da terra guiarão as pessoas para incorporarem seus eus autênticos."

Uma mulher dá um passo à frente, depois ela me leva em direção a um círculo menor de pedras que eu não tinha notado antes. "Sinta o tremendo amor e a grande clareza que surgem com o fato de viver em seu verdadeiro centro", aconselha, convidando-me a entrar e sentar no centro do círculo. "Honre cada elemento – ar, fogo, água e terra –, e cada um deles compartilhará sua sabedoria com você."

Enquanto eu me abaixo e sento-me na terra quente, ofereço uma oração de boas-vindas, apelando aos elementos para compartilharem sua sabedoria. De repente sinto uma presença à minha frente e abro os olhos para ver um ser vestido com camadas fluidas de amarelo suave e dourado. Com um impulso leve para o alto, ela se transforma em uma águia dourada e voa acima da minha cabeça. Percebo que é a representação do elemento ar. Ela voa mais baixo e pousa no meu ombro, e eu descubro que posso ver através dos seus olhos. Sinto uma grande paz, e uma imensidão de visão amplia todos os meus sentidos.

"O ar representa o seu poder de ver claramente", ela sussurra.

Sinto uma mudança dentro de mim que me permite testemunhar os fatos com clareza e tranquilidade. Por meio dos olhos do pássaro, a minha mente é um lugar de visão. Minha mente descansa, testemunhando tudo o que ocorre ao nosso redor e dentro de mim. Porém, quando a águia bate as asas, a claridade dissolve-se em um instante, e vejo minha mente em desequilíbrio. Tudo se torna desordenado e barulhento. Vozes internas estridentes competem pela minha atenção. A minha mente julga a tudo o que vê. A visão clara é substituída pela confusão. Sinto-me com medo e sozinha.

"O dom do ar é a percepção clara", eu ouço, e de repente posso voltar a testemunhar minha mente sem ser afogada pelos seus medos. "Veja com os olhos da águia. Alinhe sua mente com o seu centro. Deixe a mente ser acompanhada por todo o seu ser."

À medida que a águia dissolve-se, permito que suas palavras sejam filtradas pelo meu centro e repousem lá. Alguns momentos depois, sinto outro ser entrar no círculo. Eu me viro para a direita e vejo-me enfrentando a luz e o calor de uma pantera enorme e feroz.

"O dom do fogo é a limpeza", a pantera diz, arqueando as costas. "Queime todos os medos, crenças, ideias e julgamentos que não servem para o seu bem maior." Então, a pantera estende uma pata e esfrega suavemente a minha mão, e meu corpo inunda-se de luz. Posso ver os lugares em que uma crença interior, uma experiência traumática passada ou um medo recorrente impedem que minha energia flua livremente. Meu corpo formiga à medida que o fogo atravessa e rodeia essas ideias antigas e ultrapassadas, queimando-as enquanto avança.

"Use o fogo para limpar o que não lhe serve", a pantera ronrona. Vejo como a pantera dissolve-se em pura chama, queimando com ela o resto das minhas antigas crenças.

Em seguida, outro ser emerge no círculo à minha direita. Um homem feito de água cumprimenta-me. Dentro dele, posso ver o fluxo constante das muitas formas da água: chuva, neve, cachoeiras, rios, oceanos e a mais fina neblina. "A água representa as suas emoções", ele disse. "O dom da água é a abertura."

Dentro do meu corpo, sinto todos os lugares que alguma vez foram fechados abrindo-se de repente. Eu me torno puro fluxo, pura emoção. Não há diferença entre tristeza e alegria. Dou as boas-vindas a tudo o que vem em meu caminho e sinto um enorme espaço em meu corpo e em minha mente à medida que a água flui ao meu redor e através de mim.

"Quando você se abre para a vida, cria espaço para que uma grande mudança ocorra", ele diz. A água dentro de mim tornou-se um rio furioso, um córrego manso e, finalmente, uma tigela transparente de água cristalina pura. Enquanto bebo da tigela, a pura emoção instala-se em meu centro.

Agora me viro para encarar o último elemento, o da terra. Uma cobra emerge e chama-me para um buraco no fundo do solo. "É a partir daqui que você nutre a semente do seu verdadeiro eu", ela sussurra. "O dom da terra é a nutrição."

Enquanto a cobra fala, eu me torno uma árvore com raízes profundas na terra. De repente, posso sentir meu corpo e minha mente abraçarem um novo tipo de percepção. Posso *sentir* a diferença entre as coisas no meu mundo que podem me nutrir e aquelas que vão me envenenar.

A cobra parece saber o que estou experimentando. "Escolha sabiamente", adverte.

À medida que me transformo, da árvore para o meu corpo humano de volta, sinto uma profunda sensação de admiração. Consigo sentir todos os quatro elementos iluminando o meu centro. Eles criam uma nova estrutura que me envolve e me prende. Já não me sinto sozinha ou confusa.

Mais uma vez, estou de pé no círculo no prado com os anciãos. Juntos, eles me falam a respeito da jornada da mudança: "Para se tornar borboleta, a lagarta precisa de um casulo. Dentro da estabilidade desse lar temporário, a criatura desfruta de uma segurança que permite grandes mudanças – na verdade, uma transformação total. Use os quatro elementos como o seu casulo, como a sua nova casa, enquanto desmonta a antiga. Esse é o caminho a seguir".

"Os quatro elementos serão seus guias em seu caminho para libertar o seu verdadeiro eu", um dos anciãos continua, abrindo bem os braços. "Entre em equilíbrio com os elementos da vida, pois cada um representa uma parte do seu ser. Quando você harmonizar os quatro elementos, estará em alinhamento com o seu centro."

Sinto a bênção dos anciãos que me rodeiam enquanto eles se dissolvem lentamente. Estou sozinha no prado, encarnando as qualidades do ar, do fogo, da água e da terra. Inspirando uma respiração calma e completa, contemplo a imensidão do céu e sorrio.

Os quatro elementos da transformação

Conforme você se recria, os quatro elementos do ar, do fogo, da água e da terra se tornarão os blocos de construção de uma nova base para uma vida fundamentada na Grande Liberdade. Como meu sonho predisse, cada um de nós pode usar os elementos como guias para nos tornarmos a pessoa que queremos ser, em vez da pessoa que nos disseram para ser. Cada elemento representa uma forma de abordar a transformação do seu ser. Juntos, os quatro elementos podem ser vistos como ferramentas para equilibrar todas as partes de si mesmo e viver naturalmente a partir do seu centro.

Cada um dos elementos tem uma ação complementar – uma arte – para você aprender. Como toda arte, você pode desenvolver habilidades e expandir sua visão sobre o que é possível, colocando essas ações em prática todos os dias. Essas práticas também são únicas para cada indivíduo. Portanto, a sua implementação dessas ferramentas se expressará de maneira um pouco diferente da minha. Neste livro, começamos com o ar, mas trabalhar com os quatro elementos é um processo integrado que se desenvolve à medida que você avança. Os elementos e as suas ações misturam-se e apoiam-se para criar um recipiente de mudança.

Ar

O ar representa a arte da clara percepção. O primeiro elemento de mudança concentra-se no ato de ver claramente. Permitir que a sua mente compassiva e solidária emerja é a chave em sua jornada para o centro. Como provavelmente você passou muito tempo com pensamentos baseados no medo e no julgamento, a mente pode querer permanecer presa, resistente à mudança. No entanto, com paciência, prática e uma mudança consciente de atitude, você pode passar do peso de uma mente medrosa e perturbadora para a leveza de uma mente clara e curiosa.

Fogo

O fogo representa a arte da limpeza. O segundo elemento em sua nova estrutura, o fogo, ensinará você sobre o poder de limpar no sentido mais amplo. O elemento fogo está relacionado à ação. Depois de testemunhar por meio dos olhos do ar, você passa a queimar o que não é mais verdade para você. A limpeza não é algo que você faz apenas uma vez na vida e depois acaba – você ganha paz e clareza mais profundas apenas por meio da repetição e da prática dela.

Água

A água representa a arte da abertura. O dádiva da água é aprender a abrir. É fácil ficar aberto a coisas de que você gosta ou que fazem você se sentir bem; é mais difícil ficar aberto a coisas de que você não gosta ou que fazem você se sentir mal. Abrir significa aceitar tudo o que a vida traz e ao mesmo tempo optar por trabalhar para uma mudança positiva. A abertura não é uma aceitação passiva e desencorajada do seu mundo interior ou da sua realidade exterior. É um corajoso movimento interno de confiança na nova vida que está se desdobrando.

Terra

A terra representa a arte da nutrição. O belo planeta é nossa recordação da importância de se nutrir de dentro para fora. A autonutrição consiste em aprender quais ações o esgotam e quais o vitalizam (desde o que você come e quantas horas você dorme até com que pessoas você passa o tempo). A partir do momento em que você alimentar conscientemente o seu centro, ajudará o seu corpo físico a crescer o mais vibrante e saudável possível.

Ao ler os capítulos a seguir, cada um dedicado a um elemento, escolha um ou mais dos exercícios de prática correspondentes que pareçam mais relevantes para você. Esses exercícios ajudarão você a integrar as qualidades de cada elemento à sua vida cotidiana.

2
AR: A ARTE DA CLARA PERCEPÇÃO

RECUPERANDO SUA CLAREZA E SUA VISÃO

*Se as portas da percepção fossem limpas,
tudo pareceria ao homem como é: infinito.*
• William Blake •

A nossa sociedade moderna valoriza muito mais a mente do que os aspectos espirituais, emocionais e físicos do eu. Porém, quando a mente entra em desequilíbrio com o resto do nosso ser, nós nos encontramos em um estado de medo e confusão, especialmente em tempos de mudança ou agitação. Durante esses tempos difíceis, a mente agarra-se à validação externa, a substâncias e a outras pessoas para se sentir apoiada, em vez de ir para dentro de si e explorar os recursos do espírito, das emoções e do corpo. O que quer que você encontre fora de si mesmo para o ajudar a se sentir completo e seguro – um relacionamento, um emprego, a sua aparência ou os seus bens materiais – só pode trazer uma sensação temporária de estabilidade. A verdade é que tudo isso pode desaparecer a qualquer momento. A fé nessas coisas nunca poderá conduzir ao caminho da Grande Liberdade.

Para agravar a situação, vivemos em uma época de mudanças incríveis nas estruturas sociais, econômicas, políticas e pessoais. Agora, mais do que nunca, é vital aprendermos a desviar nossa atenção mental do medo e do pavor para a clareza, a confiança e a possibilidade, independentemente das mudanças que estão acontecendo ao nosso redor. É hora de explorar um sentido mais profundo de fé e cultivar uma mente que apoie seu crescimento e o desdobramento do seu maior potencial.

A mente é boa em nos manter na prisão, e, como vimos na introdução, uma maneira de fazer isso é inventar histórias exageradas de escassez e perigo. Quando a mente fica sobrecarregada dessa maneira, chamo-a de "mente do desastre". Também conhecida como pior cenário e mente negativa, a mente do desastre está constantemente procurando o que pode dar errado. Ela prospera no julgamento, na comparação, no medo e na escassez. Quando você olha por meio dos olhos da mente do desastre, muitas vezes oscila entre passado e futuro, raramente estando no momento presente, que é o único lugar onde a verdadeira transformação pode acontecer. Vamos quebrar esse ciclo com a ajuda do primeiro elemento: ar.

O ar convida-nos a aprender a arte da clara percepção. O seu caminho de transformação é significativamente acelerado com uma mente compassiva e presente. Imagine como seria ter uma mente criativa e acolhedora quando surgissem desafios! Mudar o funcionamento da sua mente não é fácil. Isso exigirá paciência, prática e uma mudança consciente de atitude, mas é possível passar de uma mente medrosa para uma mente clara.

A mente em ação

Há muitos anos experimentei o incrível caos que a mente pode criar quando decidi me comprometer a permanecer em completo silêncio durante quarenta dias para a Quaresma. A minha intenção ao entrar em silêncio era me conectar mais profundamente com o meu centro. Eu queria dar a mim mesma um tempo sem interação verbal e concentrar-me no meu próprio sentimento interior de paz.

Os primeiros dias foram gloriosos, mas o silêncio e eu tivemos uma curta lua de mel. As duas semanas seguintes foram um perfeito inferno. Digo perfeito porque o que surgiu era exatamente o que eu precisava ver. O meu silêncio prolongado deu-me a distância de que eu precisava para ver o funcionamento da minha mente em ação. Foi durante esse tempo que dei à minha mente o novo apelido de "mente do desastre" por causa do imenso drama e do enorme julgamento que estavam sobrecarregando os meus pensamentos.

A seguir está a minha história de encontro com a minha mente do desastre e de transformação dela.

Quando comecei o meu silêncio, eu morava em uma pequena cabana na floresta, a quarenta e cinco minutos da cidade. A estrada para o trabalho era sinuosa e íngreme e corria ao longo de uma ravina de rio profundo.

Enquanto eu dirigia para a cidade em uma manhã, fiquei assustada com o barulho da minha mente. "Você está atrasada para o trabalho!", ela gritou comigo. "Você vai ser demitida!" Então a minha mente criou todo um filme interno para eu assistir: ser demitida, perder a minha casa, perder todos os meus amigos e acabar na miséria.

Assim que essa visão chegou ao seu amargo fim, outra começou. "Você está indo rápido demais; você vai ultrapassar a beira da estrada!" Eu me imaginei correndo pela mureta de proteção e mergulhando rio abaixo. Eu me vi morrendo e, depois, pior ainda, imediatamente me imaginei presa no carro, ainda viva, mas muito mutilada e sem ninguém para me ajudar.

O que a minha mente está fazendo?, eu me perguntei. Eu me senti dividida em duas: uma parte de mim estava assistindo à outra parte, completamente separada de mim, criando o caos com palavras e imagens.

À medida que os cenários de desastre da minha mente desenrolavam-se um após o outro e as vozes do medo revelavam-se impossíveis de ignorar, fiquei chocada. Essa era realmente a minha realidade cotidiana? *Sim*. Foi um choque ainda maior admitir para mim mesma que as vozes do desastre sempre estiveram lá falando. Decidir passar um tempo em silêncio permitiu-me calma suficiente para que eu pudesse ouvir o que, antes, estava abaixo da minha consciência. Mas eu poderia aprender a mudar a minha mente do desastre para a clareza?

O silêncio obrigou-me a simplesmente testemunhar os meus pensamentos e a minha reação em relação a eles. Percebi que, à medida que eu prestava atenção aos meus pensamentos de desastre, eles ficavam mais altos, como se soubessem que estavam sendo observados. Em um dado momento, eu estava me comparando com outra pessoa e inventando uma história sobre como eu estava fracassando. No momento seguinte, minha mente estava julgando a mesma pessoa que eu tinha idolatrado. Comecei, então, a deixar de acreditar que minha mente sempre agia em função do que era benéfico para mim. No meu estado normal, eu realmente acreditava no que minha mente dizia. No entanto, conforme fui me tornando mais consciente dos dramas que se desenrolavam em silêncio, pude perceber que meus pensamentos muitas vezes não eram a verdade.

Nas semanas seguintes, pratiquei o testemunho com compaixão, em vez de ficar presa no medo e na preocupação da minha própria mente. Quando coloquei minha atenção em outro lugar, sem negar a existência da minha mente faladora, as vozes pareceram se acalmar um pouco.

Testemunhar as vozes sem lhes dar qualquer energia extra (elas já tinham muita por conta própria, obrigada!) ensinou-me muitas coisas sobre a minha própria mente. Ver claramente pode ser uma grande força para a mudança. Quando você se torna consciente das histórias da mente e testemunha essas histórias objetivamente, tem o poder de escolher conscientemente aquilo em que quer acreditar, em vez de funcionar no piloto automático. Em um primeiro momento, pode ser doloroso absorver a plenitude do caos de sua mente. Mesmo assim, aguente firme, porque o reconhecimento claro do que *não* está funcionando preparará o terreno para você mudar de ideia e determinar novas diretrizes.

Além disso, há outra recompensa esperando por você depois de iniciar esse processo de testemunho. Quando deixei de acreditar na minha mente do desastre, percebi que havia outra voz que falava comigo por baixo do caos. O meu pensamento negativo havia facilmente abafado a sua cadência calma e doce até aquele momento. No entanto, quando permiti que o pensamento negativo passasse, essa voz permaneceu.

Na primeira vez que ouvi essa voz compassiva, fiquei assustada. Eu estava correndo para chegar ao trabalho e percebi que tinha esquecido algo. "Ops, vamos voltar e pegar!", uma voz, rindo, disse na minha cabeça. Olhei à minha volta, confusa. Onde estava o meu juiz? Onde estava a voz familiar que me dizia o quanto eu era estúpida e esquecida? Essa nova voz foi como um sopro de ar fresco conectando-me com a minha intuição e com um grande sentimento de amor e aceitação.

Veja como você também pode se libertar da mente do desastre e encontrar a voz amorosa no seu interior.

Ver a sua própria mente do desastre

Com um joguinho simples, você pode começar a ver a natureza da sua própria mente.

Para jogar, reserve meia hora do seu dia para dedicar toda a sua atenção aos seus pensamentos. Faça de conta que está ouvindo um programa de rádio que desperta a sua curiosidade. Continue respirando enquanto ouve. O seu objetivo é praticar o *testemunho* dos seus pensamentos. Resista ao impulso de acreditar neles e resista também a qualquer tendência de interrompê-los. Permita-se *realmente ouvir* a sua mente e estar presente com ela. Observe quando está inventando histórias, preocupando-se com algo que no futuro pode ou não acontecer, arrependendo-se do passado ou mesmo revivendo-o.

Pensando que vê a realidade, a mente fica presa, mas na verdade está apenas olhando-a por meio de véus de acordos equivocados e crenças antigas. A mente do desastre não consegue ver o que é real. Esse jogo de meia hora pode ajudar você a perceber, durante o resto do dia, os momentos em que a mente do desastre pode atacar. A mente pode facilmente pegar uma rejeição momentânea e transformá-la na afirmação "Essa pessoa não me ama" e depois inflamá-la ainda mais em uma crença completa na linha de "Ninguém me ama – Eu não sou amável!" Essa mente confusa começará então a levar em consideração todos os tipos de ideias falsas e acreditará que são verdadeiras.

A verdade é que você não precisa da orientação da sua mente do desastre, *nem mesmo* quando existe um desastre real na sua vida. Quando algo dá errado, a mente do desastre só piora a situação. São nesses momentos que você mais precisa da arte da clareza. A mente do desastre diz coisas como "Perder a minha casa significa que minha vida acabou", ou "Eu nunca mais vou amar depois desse terrível divórcio", e acreditar nesses tipos de pensamentos drena a sua energia e fecha as possibilidades disponíveis. Uma mente saudável procura o potencial e a promessa de crescimento por meio da adversidade.

Uma das minhas alunas escreveu-me depois de ter sido despedida repentinamente do trabalho. Terry queria apoio porque ela podia ver o poder da sua mente do desastre começando a aparecer, e estava pronta para fazer algo diferente naquele momento de transição em sua vida. Ela escreveu: "Realmente quero mudar com integridade e facilidade para um novo ambiente que esteja mais de acordo com meus dons e interesses". Terry estava guiando sua mente para a verdade do que era possível naquela situação e pedindo ajuda para se afastar dos pensamentos de destruição da nuvem de tempestade. Ela se comprometeu a fazer suas próximas ações com uma mente clara e a continuar pedindo lembretes e orientação para ficar fora do caminho familiar da mente do desastre e estar presente no caminho das escolhas conscientes.

Para apoiar verdadeiramente a si mesmo, aprenda a observar com atenção como sua mente pode trabalhar tanto para motivar quanto para frustrar você a cada passo. O restante deste capítulo lhe dará as ferramentas essenciais para sair do pensamento de desastre, entrar na clareza compassiva e conectar-se com a parte da sua mente que falará docemente com você em qualquer transição.

Parar a mente do desastre em seus rastros

Assim como a maioria de nós, provavelmente você tem a tendência de criar enormes sentenças de julgamento em camadas:

> "Essas calças não me servem muito bem. As minhas coxas são muito gordas. Ah, se ao menos eu tivesse força de vontade para deixar de comer tanto açúcar... Assim minhas coxas e minha bunda não seriam tão grandes. E se pelo menos eu malhasse mais, como Christy, meu corpo estaria bom como o dela. O corpo dela é tão bonito e o meu é tão feio que ninguém vai querer namorar comigo, então por que estou me dando ao

trabalho de experimentar calças novas? Elas não vão esconder o fato de que sou feia, de que ninguém me ama, de que estou sozinha e de que nunca serei apreciada por quem eu sou, porque vivo em uma sociedade que julga as pessoas que são maiores do que um tamanho 38, e nunca usei um tamanho 38, independentemente do quanto fizesse dieta – e talvez se eu fosse melhor na dieta as minhas coxas não seriam tão grandes, e eu não seria tão infeliz o tempo todo..."

Caramba.

Quando você se pegar indo por esse caminho, julgando a si mesmo ou comparando-se com os outros, coloque um ponto-final na sentença na primeira oportunidade. "Essas calças não me servem." Ponto. Respire fundo e pare por um momento. Então, crie uma *nova* frase, um novo parágrafo, com um novo pensamento que apoie você: "As minhas coxas são as coxas de uma mulher adulta, não as coxas de uma adolescente". Ou: "Estou ansiosa para malhar e deixar meu corpo em forma". Observe se você julgou a si mesmo e repare como isso o afetou. Fazer uma pausa entre esses pensamentos de desastre pode ajudá-lo a mudar sua perspectiva de julgamento de si mesmo para a aceitação e o foco.

Aqui está outro exemplo de como você pode usar percepção clara, pontuação adequada e pausa para trazer clareza e tranquilidade para uma situação difícil. Minha amiga Francis decidiu colocar em prática planos há muito tempo sonhados para começar a lecionar e abrir seu próprio negócio, mas os obstáculos frustrantes continuavam a aparecer. Seu primeiro cliente desistiu no último minuto. Um parente que prometeu ajuda de repente teve de deixar a cidade para uma longa viagem de negócios. O prazo que ela havia dado para si mesma para colocar seu negócio em funcionamento estava se aproximando. A cada dia o seu nível de estresse aumentava, enquanto a mente do desastre começava a cantar sua música. Nós nos reunimos para descobrir como ajudá-la a mudar seu estado de espírito e fazer as coisas avançarem novamente.

Minha primeira pergunta para ela foi: "O que a sua mente está lhe dizendo?"

Juntas, sentamos para testemunhá-la dar voz à mente do desastre: "Eu quero começar o meu novo negócio e as coisas continuam dando errado. Sinto que nunca vou conseguir fazer o meu novo negócio funcionar. Ninguém vai me ajudar, e ninguém vai seguir adiante. Eu tento, tento e nada dá certo. Para piorar a minha situação, minha mãe não está bem. Se ela realmente estiver doente, receio não poder tomar conta dela. Como vou lidar com tudo isso? Além disso, o meu carro precisa ser consertado e não tenho dinheiro…"

Enquanto falava, ela percebeu que estava vendo apenas os aspectos negativos de sua situação e que sua mente do desastre estava criando muitos medos que a faziam se sentir ainda mais sem esperança e paralisada. Convidei-a a dar um passo mental para trás e colocar um ponto-final em sua primeira frase: "Eu quero começar o meu novo negócio".

"Que outras possibilidades você vê agora?", perguntei a ela.

"Eu determinei um prazo arbitrário e irrealista para mim mesma, e isso está me deixando maluca. Sim, uma pessoa cancelou, mas há muitas outras pessoas que podem se beneficiar dos meus serviços. Preciso me concentrar nas aberturas em vez de me concentrar nas portas fechadas. Preciso ser mais paciente com o processo e não me pressionar tanto. Agora estou me sentindo entusiasmada novamente!"

Foi profunda a clareza que a minha amiga encontrou ao fazer uma pausa em seu pensamento de desastre e iniciar uma nova frase conscientemente. Mas apenas um momento de consciência não é suficiente; para nos ancorarmos em uma nova maneira de ver o mundo, especialmente em situações difíceis, temos de mudar de forma cuidadosa nossa perspectiva da mente do desastre para a clara percepção – repetidamente.

Se isso parecer difícil, não tenha medo. Você já faz isso com os olhos – muda sua perspectiva milhares de vezes por dia. Levante um dedo cerca de dez centímetros à frente do seu rosto e concentre-se completamente. Agora mude o seu foco para algo distante. Observe como seu dedo ainda está lá, mas é apenas uma pequena parte de uma estrutura muito maior. Você pode fazer a mesma mudança de perspectiva com a sua mente criadora de desastres e julgadora, transformando-a em uma mente testemunhadora.

Fazer a transição para a clara percepção

A mente é muitas vezes o principal bloqueio para experimentarmos a liberdade que procuramos, e é fundamental aprender a usá-la como um recurso de apoio em vez de prender-se em uma prisão de narrativas negativas. À medida que você pratica isso, aprendendo a testemunhar a sua mente com amor, aceitação, curiosidade e humor, pode ver e evitar mais facilmente as três principais armadilhas da mente do desastre: julgamento, perfeccionismo e responsabilidade desequilibrada.

Armadilha 1: julgamento

O juiz – aquela voz da nossa mente negativa – vê as coisas em preto e branco e, como a própria definição sugere, sempre escolhe ver as coisas de forma negativa em vez de positiva.

Usando o estado de espírito da testemunha, você pode treinar para deixar de confiar no juiz como sua principal fonte de informação, abrindo-se para a percepção clara do ar no processo.

A seguir estão exemplos de mente julgadora *versus* mente testemunhadora:

Julgadora: Essa pessoa é ruim.

Testemunhadora: Eu não me sinto confortável perto dessa pessoa.

Julgadora: Eu sou inútil e indesejável.

Testemunhadora: Eu estou me sentindo vulnerável e fraco hoje.

Julgadora: Eu continuo julgando e brigando com a minha chefe. Ela faz eu me sentir uma pessoa terrível. Ela é irracional e indiferente.

Testemunhadora: Eu preciso ficar fora do caminho da minha chefe quando ela estiver irritada. Caso contrário, a tendência que tenho é de ficar com raiva e piorar as coisas. O humor dela não tem nada a ver comigo. Ela parece ficar com raiva com mais frequência pela manhã. Vou praticar a gentileza.

Julgadora: Eu sou gordo. Nunca irei encontrar alguém que me ame.

Testemunhadora: Eu não estou feliz com o meu corpo neste momento. Estou me comparando com o que eu acho que deveria ser? Estou inventando histórias sobre o que os outros vão pensar?

Ao cultivar a mente testemunhadora, você aprende a começar a ver as coisas com clareza, e esse tipo de visão é fundamental para experimentar a liberdade em sua vida, o que significa que suas percepções são guiadas pelo amor e não pelo medo, pela raiva ou pelo ressentimento. Elas vêm de uma compreensão mais ampla do corpo, das emoções e de uma força vital em equilíbrio com a ferramenta da mente. À medida que suas percepções tornam-se claras, você se torna seu próprio pai amoroso, seu próprio melhor amigo e seu próprio mentor. Você se torna o artista da sua própria vida. Você pode agora criar uma nova estrutura para viver e respirar – uma nova estrutura na qual possa manter o seu centro.

Armadilha 2: perfeccionismo

Sua mente insiste que você seja perfeito em tudo que faz? Como resultado de expectativas inatingíveis, muitas vezes nós nos punimos com palavras e facadas pontiagudas, pensando erroneamente que isso nos tornará pessoas melhores.

Pare por um momento para explorar a sensação de tentar nunca cometer um erro. Quando você gasta sua energia tentando não cometer erros, seu modo de vida se torna afetado e tenso. Você constantemente olha à sua volta para ver se alguém está observando-o. Você sente que deve ser perfeito para ser suficiente. Sua mente está sempre pronta para lhe dizer como você está fazendo tudo errado e está constantemente o julgando e o comparando com outras pessoas: "Olha só, eles nunca cometem erros".

Esse tipo de perfeccionismo cria uma maneira exaustiva de viver. Se você espera ser perfeito em tudo o que faz, sufocará a sua criatividade e o seu senso de aventura. Todo sentido de diversão e espontaneidade desaparece.

Uma maneira de desconstruir esse perfeccionismo prejudicial é começar celebrando conscientemente seus erros. Convide-se a honrar suas imperfeições. Logo você verá que não são imperfeições, mas sim uma parte da totalidade de um ser em crescimento e amadurecimento.

Eu mesma sou uma perfeccionista em recuperação. Não tinha consciência disso, mas eu me esforçava para ser perfeita em todos os sentidos. Julgava-me por cada erro. Preocupava-me que os outros percebessem que nem sempre eu tinha sido perfeita. Eu me comparava a pessoas que eu pensava serem perfeitas. Então, um dia, minha amiga Gini começou a apontar o preço que meu perfeccionismo estava cobrando de mim. Ela começou a me provocar gentilmente toda vez que eu tentava ser perfeita. Pouco a pouco, aprendi a provocar a mim mesma.

Mais tarde, durante uma viagem às pirâmides em Teotihuacan, México, convidei um grupo de estudantes para compartilhar os seus piores cenários – aquilo que suas mentes do desastre lhes diziam que era verdade. "Nunca ninguém vai me amar. Não sou amável." "Estou destruído. Não importa o quanto eu queira me curar, nunca vou conseguir." "Nunca vou ser bom o suficiente." "Se eu não for perfeito, ninguém vai gostar de mim."

Nós concordamos em provocar um ao outro pelo resto do dia com base nesses medos.

– Eu sei que não sou perfeito e que você nunca vai gostar de mim, mas posso andar com você?

– Bem, eu estou destruído e nunca vou me curar, então acho que não tem problema estar com alguém imperfeito como você.

– Eu sabia! Nunca vou ser bom o suficiente para escalar a pirâmide. Vocês todos são muito mais fortes do que eu. Eu não posso fazer isso.

– Você está certo; não é bom o suficiente. Mas você vai me amar se eu ajudar você a subir?

Foi incrivelmente libertador ver e admitir nossos medos, e foi poderoso tirar sarro deles.

Honestidade e humor são antídotos incríveis para a doença da mente do desastre. Quando você ri da sua própria mente e acha-a tola, ela perde sua ferocidade. À medida que a mente rende-se e passa a apoiar todo o seu ser em vez de estar certa sobre seus antigos acordos, surge a clareza. A consciência resultante permite que você descubra os acordos inconscientes que o afastam do seu centro. Você aprende a discernir a verdade em vez de julgar o que não gosta.

Para se liberar do aperto causado pelo perfeccionismo, pratique o autoelogio em vez da punição quando cometer um erro. Provoque-se amorosamente pelo seu esforço e lembre-se repetidas vezes de que o objetivo não é ser perfeito; o objetivo é ser inteiro.

Armadilha 3: responsabilidade desequilibrada

Outra forma de ficar preso em uma visão nebulosa é sendo irresponsável ou, em sentido oposto, sendo excessivamente responsável. A responsabilidade é algo complicado, e é preciso ter uma mente clara para encontrar o equilíbrio. Você pode impedir o seu próprio crescimento de duas maneiras: pedindo que outras pessoas o carreguem ou tentando carregar constantemente os outros. Preste atenção às situações em que você não assume a responsabilidade pela sua própria jornada, mas observe também quando você faz o contrário e assume a responsabilidade pela jornada de outra pessoa.

Confie que, quando os outros caírem, eles descobrirão como se levantar novamente. Você sempre pode oferecer uma mão, mas às vezes a mão que você oferece é o que na verdade está mantendo-os caídos. Compartilhe com eles todo seu amor, seu apoio, sua fé e seu encorajamento, mas mantenha o foco em sua própria jornada, em crescer com amor e fé, e deixe que os outros façam o mesmo por si próprios.

Dar aos outros o espaço para encontrarem suas próprias bases não é fácil. Eu experimentei a importância de colocar fé na capacidade de outras pessoas para assumirem responsabilidade por si mesmos por meio da minha interação com um dos meus alunos quando morava em Berkeley, Califórnia.

Robert entrou no Centro Tolteca em busca de comunidade. Ele havia se mudado recentemente do Arizona para a Califórnia. Durante os primeiros seis meses que o conheci, ele lutou para encontrar um lugar para morar, garantir um emprego de que gostasse e administrar suas finanças. No começo estávamos todos felizes em apoiar sua nova vida em Berkeley. Ele pegou dinheiro emprestado com várias pessoas diferentes e dormiu em muitos sofás. Deixei-o fazer muitas aulas de graça ou em troca de trabalho no comércio.

Sua vida continuou caótica. Robert constantemente encontrava e perdia moradias e empregos. Depois de meses sem nenhuma melhora real, resolvi perguntar sobre sua vida pregressa. Ele devia dinheiro para muitas pessoas no Arizona e tinha basicamente esgotado os seus recursos na sua antiga comunidade.

Chamei-o e tivemos uma longa conversa sobre responsabilidade pessoal e a importância de criar estabilidade para si mesmo. Ressaltei que o tínhamos apoiado da melhor maneira possível, mas agora acreditava que o estávamos enfraquecendo ao segurá-lo toda vez que caía. Eu sabia que seria difícil, mas ambos concordamos que era hora de ele aprender a se erguer por conta própria.

Nossa comunidade fez um acordo para deixar de emprestar dinheiro a ele. Nós o encorajamos a se concentrar completamente em sua base física – para encontrar uma boa situação de vida e um emprego que o sustentasse.

Foi um desafio para mim, pessoalmente, dizer-lhe não. Cada vez que Robert pedia dinheiro emprestado, eu o convidava a confiar em seus próprios recursos. A certa altura, ele acabou em um abrigo para pessoas sem-teto, depois viveu em alojamentos provisórios. Minha mente julgadora continuava me dizendo que eu deveria ter vergonha de não ajudar alguém quando eu tinha recursos para isso, que eu estava magoando Robert, que eu era uma pessoa ruim. Mas continuei me concentrando no meu desejo maior de apoiar Robert de uma nova maneira, de ajudá-lo a assumir a responsabilidade por sua vida.

Apesar dos meus pensamentos de medo, fui capaz de testemunhar conscientemente a minha mente ao longo de todo esse processo. Isso me permitiu ficar aberta a Robert. Eu o encorajei a recriar sua vida escolhendo um emprego com o qual ele se sentisse confortável e, como sua prática espiritual, a colocar toda a sua atenção à manutenção desse emprego. Nossa comunidade, mantendo-o dessa nova maneira, ajudou Robert a perceber que simplesmente cuidar de si mesmo era o próximo passo certo em seu caminho de transformação. Ele encontrou um emprego estável e também acabou achando uma moradia por que podia pagar e que o nutria. Mais tarde ele me agradeceu por meu apoio e minha fé nele, que, como ele mesmo disse, "era o que eu precisava para assumir a responsabilidade pela minha vida e deixar de acreditar que só conseguiria alguma coisa se outras pessoas me salvassem".

Para muitos em nossa comunidade, o presente foi aprender a ter uma visão clara da possibilidade de mudança para Robert sem que alguém cuidasse dele. Atualmente, Robert está trabalhando em um emprego que ama, tirando fotos e vivendo seu sonho como artista da sua vida, e não como vítima das circunstâncias.

Conforme você ultrapassa as armadilhas mentais do julgamento, do perfeccionismo e da responsabilidade desequilibrada, começa a explorar a fonte da criatividade dentro de sua mente. Quando sua mente não acredita mais que precisa controlar você ou qualquer outra pessoa, ela relaxa e faz o seu verdadeiro trabalho: visualizar e manifestar a vida que você deseja viver.

Tornar-se o artista da sua vida

Uma das coisas que associamos à verdadeira arte é a liberdade. Quando você julga, tenta ser perfeito ou é excessivamente responsável ou irresponsável, polariza negativamente o que percebe e fica preso em sua cela autoconstruída.

Para mudar a sua percepção, pense conscientemente em si mesmo como um artista e na vida e em tudo o que aparece à sua frente como sua tela. Como artista, você pode usar o dom da visão clara para ver possibilidade onde antes só teria visto problemas. Os artistas podem olhar para uma barraca degradada e ver para além dos escombros, até o interior. Para esclarecer, não estou sugerindo que você ignore os desafios e fantasie apenas sobre o que poderia ser, mas sim que aprenda a usar uma visão clara para encontrar soluções e oportunidades criativas e que se entusiasme com o trabalho que tem pela frente.

Com clara percepção, você pode ver a sua vida como um maravilhoso projeto de remodelação em andamento. Curiosidade e uma boa dose de humor são as melhores ferramentas para reformular a mente séria, egocêntrica e moderna. A arte de ver com novos olhos permitirá que você simplesmente olhe para si mesmo e para qualquer situação que precise ser melhorada e se pergunte: *O que eu quero criar aqui?*

Você é um trabalho em andamento e foi treinado para viver fora do seu centro – o lugar onde reside a Grande Liberdade. Onde quer que você esteja em sua jornada interior, seja compassivo. Toda vez que você se julga ou se compara com os outros, está dando um passo para trás. Tenha cuidado com isso, mas seja gentil com você também. Lembre-se: a sua escolha é ser um artista que cria em vez de um crítico que destrói.

Práticas

Convido você a mergulhar nas práticas a seguir, as quais são projetadas para expandir sua clara percepção e conectá-lo à orientação a partir do ar. Você também encontrará uma meditação guiada que trará o primeiro dos quatro elementos de forma corporificada para ajudá-lo como guia, da mesma forma que chegou para mim no Sonho dos Anciãos.

Exploração da mente

Passe uma semana observando como você se percebe. Que olhos você usa para se observar? O que diz a si mesmo sobre você? Mantenha um registro de suas percepções. Você pode usar fichas, um pequeno bloco de notas ou mesmo um gravador para registrar as suas impressões. Faça o seu melhor para testemunhar, para ser um explorador de um terreno novo e fascinante. Não há nada que você precise fazer ou mudar nessa primeira semana. Você estará simplesmente coletando informações.

Se você achar que está se julgando por suas percepções, lembre-se da pontuação: "Ponto!" Interrompa qualquer sentença de execução proveniente do seu eu julgador. Faça de conta que você está testemunhando a mente de seu amigo mais querido e amado. Traga toda a sua compaixão e toda a sua clareza para essa tarefa.

Em um pedaço de papel, faça três colunas com os seguintes cabeçalhos:

PERCEPÇÃO | COM BASE EM | REESCRITA

Na primeira coluna, anote brevemente o que você percebe sem pensar ou analisar. Por exemplo:

- Vou me atrasar para o trabalho. Sou ruim.
- Odeio o meu cabelo.
- Eu pareço velho.
- Estou animado com meu encontro hoje à noite, mas e se ele não gostar de mim?
- Estou cansado desse trabalho.
- Maria é egoísta e desinteressada.
- Estou com raiva de mim mesmo por não ter me defendido.

- Gostaria de ser mais parecido com Brian.
- Tenho medo de perder meu emprego e minha casa.

No final de cada dia, reveja as suas anotações e marque na segunda coluna quais comentários apoiam-no e levam-no em direção ao seu centro e quais são baseados em medo, julgamento, comparação, sentimento de vitimização e assim por diante. Observe se você nota quaisquer acordos centrais que possam derivar de antigas crenças da infância. O que você realmente está dizendo para si mesmo?

Depois, volte a consultar a sua lista. Na terceira coluna, escreva uma nova percepção. Pode parecer confuso, mas, de qualquer maneira, faça. Você pode achar que escreve exatamente as mesmas palavras, mas a energia das palavras é muito diferente. Você consegue discernir e apoiar em vez de julgar? Assuma a responsabilidade sobre como você se sente.

Percepção	Com base em	Reescrita
Vou me atrasar para o trabalho. Sou ruim.	Medo, acordo central.	Eu não me dei tempo suficiente para me preparar. Vou colocar meu alarme para despertar mais cedo amanhã, para não ter de me apressar.

Odeio o meu cabelo.	Comparação.	Meu cabelo está mais encaracolado hoje do que o normal.
Eu pareço velho.	Comparação.	Minha pele está mudando.
E se meu companheiro não gostar de mim?	Medo, acordo central.	Eu me pergunto se vamos nos dar bem.
Estou cansado desse trabalho.	Julgamento ou talvez motivação.	Como posso trazer mais entusiasmo para esse trabalho?
Maria é egoísta e desinteressada.	Julgamento.	Meu estômago dá um nó quando Maria é rude.
Estou com raiva de mim mesmo por não ter me defendido.	Vitimização.	Eu me sinto pequeno e impotente, e depois fico com raiva de mim mesmo quando não falo a minha verdade.
Gostaria de ser mais parecido com Brian.	Comparação.	Eu gosto da honestidade de Brian.
Tenho medo de perder meu emprego e minha casa.	Medo.	Eu honro o meu medo e estou aberto a novas possibilidades de manter meu emprego e minha casa.

Lembre-se, esse é um exercício para monitorar crenças antigas e formas atuais de pensar. É uma maneira de olhar para a sua mente e perceber como você pode mudar a sua percepção. É evidente que você pode usar esse exercício para se fazer sofrer mais, reforçando a voz do seu juiz interior, mas espero que você possa usá-lo como um modo de explorar como transformar a mente negativa por meio de sua arte. Por favor, faça o seu melhor para testemunhar e ser curioso.

Conexão com o elemento ar

A mudança da mente do desastre para a percepção clara é composta de um milhão de pequenos atos de consciência combinados com a ação de mudar seu foco repetidas vezes. Conectar-se conscientemente com o elemento ar irá ajudá-lo a fazer essa mudança. Essa prática convida o poder do ar a trazer uma visão clara à sua vida.

Comece passando pela sua casa e abrindo todas as janelas. Convide o vento a soprar e limpar quaisquer percepções habituais antigas e pensamentos cíclicos. Sinta a liberdade do vento soprando sem limites por toda a sua casa. Ao abrir cada janela, diga em voz alta o que gostaria de mudar em sua percepção. Aqui estão alguns exemplos:

- "Convido o vento a soprar para longe meus medos sobre o futuro e me lembrar de desacelerar e desfrutar do momento presente."
- "Ao abrir esta janela, abro uma nova perspectiva para a minha vida."
- "Que os ventos da mudança tragam uma nova visão para a minha vida. Eu liberto os meus pensamentos julgadores e convido a clareza."

Você pode repetir uma frase várias vezes em cada janela ou pode dizer algo diferente a cada vez. Você pode até escrever suas frases e fixá-las em um ou mais peitoris para que no futuro, cada vez que abrir a janela, seja lembrado de sua nova percepção.

Ao fazer isso, mantenha a sua consciência no momento presente e sinta o vento movendo-se pela sua casa. Convide o vento a percorrer todos os cômodos, trazendo novas perspectivas e afastando qualquer confusão, falta de visão ou pensamento desordenado.

Fique no meio de sua casa e respire esse ar fresco para o seu ser. Use a sua própria conexão com o ar e a sua respiração para libertar quaisquer pensamentos que estiverem presos e para se colocar no momento presente. Respire intencionalmente para uma clareza mais profunda em sua mente e seu corpo.

No futuro, quando você se sentir atrapalhado ou confuso, volte para essa sensação do vento contra a sua pele. Imagine que uma janela dentro de você está se abrindo e deixe o ar afastar o medo e os julgamentos da mente do desastre.

Guia interior

A visualização é uma ótima técnica para ajudá-lo a criar novos caminhos na mente e no corpo. Quando visualizamos algo em nossas mentes, nós o energizamos e o tornamos real. Apelamos a forças invisíveis para nos apoiar e guiar. Durante séculos, os xamãs têm usado a visualização e a jornada espiritual para se conectarem com aliados sagrados.

Para ter um apoio maior, sugiro também a construção de um altar físico em seu espaço para representar a sua jornada. Para começar, escolha um objeto para representar o seu eu centrado (por exemplo: uma vela, um origami ou uma escultura pequena). Coloque-o em uma superfície plana e envolva-o com um círculo de pedras para representar o círculo de pedras em sua visão. Para cada um dos quatro elementos, peço também que você acrescente um símbolo desse elemento fora do círculo depois de ter concluído seu exercício de visualização. Dessa forma, seu altar crescerá à medida que você progride em seu caminho, com talismãs para lembrá-lo visualmente do seu progresso até o momento.

Visualização do ar para uma clara percepção

Essa visualização é uma maneira poderosa de trazer os ensinamentos do Sonho dos Anciãos que descrevi para a sua própria vida. Você chamará um guardião de cada um dos quatro elementos – ar, fogo, água e terra – para lembrá-lo das novas qualidades que você está incorporando e guiá-lo em sua jornada em direção à Grande Liberdade. Seu primeiro guardião é do elemento ar. Do ar você aprende a arte da clara percepção – o uso correto de sua mente.

Deixe seu corpo confortável e respire fundo a partir de seu ventre.

Imagine-se de pé no meio de um círculo de pedras. Esse círculo abrange e mantém cada parte sua em seu abraço. Virado para uma direção, peça orientação e visão do elemento ar para ajudá-lo a se perceber claramente.

Em seguida, faça um convite a um guia aéreo para acompanhá-lo e ajudá-lo a ver com novos olhos. Esteja aberto para as muitas maneiras como o guia pode aparecer. O seu guia aéreo pode ser um animal, uma pessoa que você conhece ou um estranho. Pode ser uma voz silenciosa em sua cabeça ou um conhecimento em seu corpo. Se não surgir imediatamente, seja gentil consigo mesmo. Saiba que seu guardião do ar pode não vir até você imediatamente, mas pode chegar mais tarde em um sonho ou no meio do seu dia. O vento pode vir sussurrar em seu ouvido. Reze por orientação e apoio do seu guia aéreo enquanto dissolve as suas antigas formas de ver e ser e se abre para uma percepção clara.

Quando você se sentir completo, peça um símbolo para representar esse novo compromisso e, em sua imaginação, coloque-o como um marcador de uma direção em seu círculo de pedras. Deixe esse símbolo lembrá-lo dos benefícios da limpeza. Em seguida, imagine o círculo dissolvendo-se.

Agora que você chamou o guardião do ar, escolha um objeto para representar esse guardião e coloque-o fora do círculo do seu altar físico. Pode ser uma pena, um par de óculos ou qualquer objeto que lhe agrade e que represente sua nova visão. Você fará isso para cada um de seus guardiões nos capítulos seguintes, por isso estabeleça a sua intenção de usar todos os elementos e seus dons para guiá-lo por meio dos seus medos e das suas crenças antigas, através da mente do desastre e de volta ao seu centro.

3
FOGO: A ARTE DA LIMPEZA

LIMPANDO O QUE JÁ NÃO SERVE MAIS

> *Todos os meios de ação – as massas sem forma, os materiais – estão em toda parte ao nosso redor. O que precisamos é do fogo celestial para transformar a pedra em cristal transparente, brilhante e claro. Esse fogo é genial!*
> • Henry Wadsworth Longfellow •

Como segundo elemento em nosso círculo, o fogo representa um convite para limpar ou queimar tudo o que não lhe serve mais.

A importância de limpar sua mente de crenças, julgamentos e medos ultrapassados é compartilhada por quase todos os caminhos espirituais e psicológicos, algo que é central em nossa busca pela liberdade. Quando paramos para realmente investigar o que está em nosso interior, muitas vezes nós nos surpreendemos com a quantidade de resíduos antigos que acumulamos ao longo do tempo. Este capítulo irá ensiná-lo a identificar e limpar seu ser interior de qualquer coisa que o esteja impedindo de experimentar a Grande Liberdade.

Uma das maiores coisas que muitas vezes precisam ser investigadas e limpas é nosso acúmulo de acordos, especialmente os acordos inconscientes que fizemos quando crianças. Vamos parar um momento para definir novamente o que é um acordo nesse contexto. Um acordo é um compromisso mental com uma ideia, na maioria das vezes o resultado de algo que experimentamos ou uma ideia que nos é fornecida por outra pessoa. Uma vez que "concordamos" com a ideia ou determinamos que nossa experiência passada representa "a verdade", ela se torna uma de nossas crenças. Em muitos casos, não percebemos que nossas crenças são simplesmente ideias com as quais concordamos, e aceitamos cada uma delas como "a maneira como as coisas realmente são". Dessa forma, nós esquecemos que temos a opção de fazer nossos próprios acordos.

Aqui estão alguns acordos comuns que muitos de nós mantemos na sociedade ocidental. Na maioria das vezes, esses acordos são feitos inconscientemente em nossa juventude:

- O seu valor como pessoa é em grande parte determinado pelo seu trabalho, pela quantidade de dinheiro que você tem ou pelos seus bens materiais.

- Você precisa ser magro e ter uma determinada aparência para ser considerado atraente.

- O que os outros pensam sobre você é importante, e você deve se moldar ou mudar para ter a aprovação deles.

- Tempo, energia e recursos são finitos.

Se você não dedicar tempo para limpar regularmente esses acordos à medida que cresce e muda, as crenças resultantes acabam impedindo-o de viver sua melhor vida possível. Além disso, você começará a perceber o mundo de maneiras que reforçam suas crenças. Por exemplo: "Essa pessoa é magra e bonita, então é por isso que está em um relacionamento feliz"; "Essa pessoa é rica, e é assim que eu quero ser"; ou "Porque cometi esse erro no meu passado, nunca poderei ter a vida que realmente quero".

Aqui está o desafio: mesmo que possamos ver que acordos antigos como os listados são falhos, *mesmo quando percebemos que não são verdadeiros*, ainda assim pode ser muito difícil quebrá-los. Como resultado, podemos consciente ou inconscientemente nos julgar por não cumprir nossos acordos defeituosos, e depois nos perguntamos por que estamos tão infelizes.

No meu próprio caso, quando comecei a testemunhar os meus pensamentos, fiquei horrorizada com o que encontrei. Notei que tinha pilhas de julgamento, medo e crenças ultrapassadas no meu inconsciente. Passei muito tempo sentindo-me mal comigo mesma. Em algum momento, percebi que todo o tempo que eu passava me julgando era como se eu seguisse a pista da lama por toda a minha casa enquanto reclamava em voz alta sobre a sujeira. É por isso que a prática da limpeza vem depois da prática da clara percepção – porque ver as coisas claramente me permitiu tirar meus sapatos enlameados primeiro para depois investigar o que eu queria manter em minha casa e o que eu queria limpar.

No meu caso, havia três áreas principais que eu precisava queimar com o elemento fogo:

1. Crenças/acordos antigos: descobri que muitas coisas que eu assumi serem verdadeiras eram, na verdade, simplesmente ideias que eu poderia escolher acreditar ou deixar ir.

2. Ações passadas e experiências traumáticas: muitas ações ou experiências do meu passado, que alteram a vida, serviram para reforçar as crenças limitantes que eu carregava. Se já passamos por agressão sexual, divórcio, morte de um ente querido ou "fracasso" em um emprego ou na escola, provavelmente há uma série de grandes e pequenas maneiras de esses tipos de acontecimento ainda surgirem e afetarem nosso presente. O resultado é que estamos vivendo presos em vez de livres.

3. Medo: combine os itens 1 e 2 e você normalmente experimentará algum nível de medo. Mas o medo também pode surgir de outro lugar: uma crença subjacente de que não somos dignos. Quer seja sutil ou extremo, o medo impede-nos de ir atrás daquilo que realmente queremos na vida. O medo mantém cada um de nós preso, ele nos acomoda em vez de nos libertar, e é o bloqueio número um para a Grande Liberdade. Embora o medo nunca nos deixe por completo, o que descobri é que pode se tornar o nosso maior aliado em vez do nosso pior inimigo, pois ele nos mostra onde precisamos olhar mais profundamente dentro de nós mesmos.

É provável que o trabalho que você fez para desenvolver clareza de visão no capítulo anterior tenha revelado questões semelhantes em sua própria vida. Agora que você consegue ver claramente essas questões, pode começar o importante trabalho de purgar esses acordos inúteis com o brilhante poder do fogo purificador.

Abrir a porta para a limpeza

Imagine-se como uma casa que você mantém razoavelmente limpa para o benefício do mundo exterior. Ao manter sua casa limpa, obtém aprovação e aceitação das pessoas ao seu redor. É claro que toda casa tem um armário, e no seu você coloca tudo o que não gosta em você: todos os antigos acordos, vozes internas julgadoras, memórias traumáticas e comportamentos inúteis.

Quando você convida as pessoas, talvez seja amigável até que elas cheguem perto do seu armário. "Não abra!", você diz com um olhar ameaçador. Você não quer que ninguém veja o que se esconde por trás das portas fechadas.

Ou talvez você seja uma pessoa que convida outras pessoas e imediatamente as arrasta para o seu armário. "Olhe para tudo isso! Dá para acreditar? É tão horrível!" Talvez se comparar com os outros e reclamar do que está transbordando no seu armário tenha se tornado parte da sua identidade.

O primeiro passo para uma limpeza bem-sucedida do armário é o seu comprometimento em agir.

Não basta pensar que a limpeza é uma boa ideia; é preciso estar disposto a ir até o fim. Por meio de uma visão clara, você começa a ver como seus antigos acordos, histórias e medos estão fazendo com que você sofra. Você para de culpar os outros (e a si mesmo!) por tudo isso e vê claramente que mudar a si mesmo é a única maneira de encontrar a Grande Liberdade que tanto deseja. Isso é realmente um grande alívio, porque a verdade é que a única coisa que pode ser mudada é você.

Compromisso não significa que você saiba exatamente o que e como limpar; significa simplesmente que você já pode explorar e aprender à medida que avança e que está pronto para tirar tudo do armário para ver o que tem no seu interior.

E é nisso que muitas pessoas tropeçam, porque fazer um inventário do que está em seu armário pode ser assustador. Sua primeira reação pode ser culpar os outros ("Se meus pais tivessem sido melhores…") ou julgar a si mesmo ("Veja, eu estraguei totalmente a minha vida. Ninguém poderia ter tanta bagagem…"). Fazer qualquer uma dessas coisas pode tentá-lo a olhar ao redor e dizer: "Tudo bem, isso não vai funcionar!" Você pode até mesmo tentar empurrar tudo de volta para o armário e fechar a porta.

É nesse momento que é preciso chamar novamente o dom da clara percepção. Se você abrir as portas do seu armário e sua percepção ainda estiver presa na mente do desastre, tudo o que você poderá ver será o caos. Em vez de limpar, julgará o que está dentro e acabará criando ainda mais sujeira.

Mas limpar o que não lhe serve mais inevitavelmente incluirá alguns pensamentos, emoções e sensações corporais que não são tão agradáveis – aqueles que você experimentou no passado e escondeu. Você pode inicialmente se sentir fora do controle e sobrecarregado ou não ter certeza sobre o que é seu e o que não é. Tudo isso é uma parte natural da limpeza de antigos padrões, e a verdade é que é difícil acabar com alguns deles.

Quando sua mente está clara, você pode olhar para o caos com um sentimento de admiração e compaixão: "Nossa, isso está no meu armário?" Sua mente clara percebe o que você julga e o que lhe faz se sentir vitimizado, sem acreditar em nenhuma das avaliações. Em vez de ficar deprimido com as pilhas de comportamentos que trouxe para a luz, você canaliza seu artista interior e fica animado para recuperar o que é real e deixar o resto para trás.

Quando seus pensamentos são colocados à sua frente, você pode começar a classificar o que lhe pertence e o que não lhe pertence. Seguindo a analogia do armário, você encontrará roupas velhas que não lhe servem mais e crenças antigas que também não lhe servem. Você encontrará coisas que os outros lhe deram das quais você nunca gostou mas não sabia como recusar. Como artista, você pode cultivar uma nova atitude em relação ao que encontra: "Veja isso! Que coisa interessante de se acreditar!" – em vez de: "Sou um fracasso. Olha para essa bagunça. Isso prova que eu sou ruim".

Lembre-se de que você passou a vida inteira adquirindo esses itens. O processo de limpeza demanda tempo e repetidas ações intencionais. Às vezes é necessário um amigo, um confidente ou um profissional para guiá-lo pelos lugares em que você está preso. Encontrar e rodear-se de uma comunidade de amigos que pensam da mesma maneira pode tornar o trabalho de limpeza mais fácil e agradável.

Enquanto o ar está relacionado à observação clara e atenta, o fogo tem a ver com ação. Você está conscientemente queimando o que não é mais verdade. Depois de ter começado, você provavelmente descobrirá reservas inexploradas de felicidade, energia e integridade. Também é importante notar que não há linha de chegada aqui, não importa o quanto seu perfeccionista interior gostaria de fazer isso bem e para sempre. Essa limpeza interior não é tão diferente de lavar roupa ou tomar banho – ou seja, não é algo que você faz uma vez na vida e depois acaba. A limpeza é uma prática.

Cuidado com os *gremlins*!

Um dos jogos que utilizo para trazer humor ao trabalho, por vezes intenso, de limpeza é personalizar as forças que impedem a mudança. Eu as visualizo como pequenos *gremlins* verdes.

Gremlins são os cães de guarda de seus antigos acordos, crenças e medos, e eles farão qualquer coisa para mantê-los intactos. Enquanto você organiza e limpa seu armário, os *gremlins* vão sussurrar e gritar com você para distraí-lo de sua tarefa. No entanto, essas criaturas também podem servir como seus maiores aliados, pois, se não houver nenhuma falha, eles o levarão para onde você mais precisa ir. Quando um deles aparece gritando "Não vá por esse caminho!" ou sussurrando palavras de medo em seu ouvido, você sabe que realmente está no caminho certo. Dessa forma, os *gremlins* conduzirão você para a sua própria Grande Liberdade.

A seguir está uma lista de alguns tipos diferentes de *gremlins*. Enquanto você limpa seu armário interno, fique atento aos *gremlins* que se disfarçam de seus amigos. Ouça-os não pela verdade que falam (eles são propensos a mentir), mas sim pelas informações que revelam.

Defensividade: Quando você está limpo, não há nada para provar; você simplesmente é. Se perceber que está defendendo um ponto de vista ou crença em particular, preste atenção. Muitas vezes um *gremlin* está protegendo seu território. A declaração "Eu estou certo!" é um sinal claro desse *gremlin*.

Necessidade de parecer bem: Esse é um corolário da defesa. Para não ficar mal, a maioria de nós tende a defender nossas ações. Se você sente que sua imagem está em jogo ou que precisa apressar-se para obter aprovação ou respeito, preste atenção. Um *gremlin* está presente. Que acordo está motivando sua ação de proteção?

Medo: Conforme você for se aproximando da limpeza de grandes acordos e estruturas, os *gremlins* do medo irão surgir, tremendo e gemendo. Muitas vezes eles revelam que você está no caminho certo. Os *gremlins* do medo parecem reais, mas na verdade são mais como fumaça – fáceis de atravessar quando se tem coragem para o fazer. Um *gremlin* do medo pode dizer: "Você nunca vai consertar isso" ou "Você nunca vai ser bom o suficiente". Você pode responder: "Estou com medo, mas posso fazer isso de qualquer maneira, porque sou suficiente".

Estar sobrecarregado: À medida que você limpa camadas de detritos e acordos antigos, descobre as fundações principais que o mantêm preso.

Gremlins vão pular e balançar suas varinhas na frente dos seus olhos: "Há muito entulho aqui. Por que se incomodar?" Nesses momentos, em vez de olhar para todas as coisas que você precisa fazer, basta olhar para a seguinte. Pode ser útil fazer uma lista de pequenos passos que você pode marcar conforme avança. Lembre-se, você está limpando uma sujeira que levou anos para se acumular; isso não será feito em apenas um dia. Mantenha o ritmo, realize uma coisa de cada vez e faça pausas quando necessário. Mantenha a sua consciência intacta para que possa distinguir entre fazer uma pausa para descanso e renovação e usar seu tempo para fazer besteiras e arrepender-se.

Emoções enormes: *Gremlins* às vezes vão entrar e mexer, mexer e mexer em todas as suas emoções. Se você estiver tendo uma reação emocional que está fora de proporção com a situação ou que aparece do nada, desacelere e respire fundo algumas vezes. Olhe além da situação atual para acontecimentos anteriores e considere que essas grandes emoções podem ser um bom sinal de que você está afrouxando o controle de antigos acordos.

Projeção: Essa é uma das táticas favoritas do *gremlin*. Na maioria das vezes, assume duas formas: 1) você vê e julga as coisas de que não gosta nos outros, sem perceber que vê essas coisas em si mesmo. Isso é o que se entende pela frase "As outras pessoas são nosso espelho". 2) Você projeta que outras pessoas estão vendo e julgando todas as coisas de que não gosta em si mesmo. Os *gremlins* ficam encantados quando conseguem fazer você se projetar em outra pessoa ou contra si mesmo. Por exemplo: "Minha tia acha que eu não sou inteligente o suficiente para ser, de fato, uma pessoa de sucesso". Na realidade, é possível que sua tia até o apoie, mas esse apoio é velado pelo autojulgamento negativo que você projeta em sua tia por causa da honestidade dela em ajudá-lo a identificar seus obstáculos.

Supercompensação: Isso é o que eu chamo de tática do pêndulo. Um *gremlin* sussurra "Você é legal até demais!" para que você se torne mau. Em seguida o *gremlin* sussurra: "Você é muito mau!" Quando você está fora do centro e tentando voltar ao equilíbrio, um *gremlin* irá convidá-lo a supercompensar para que você fique desequilibrado exatamente da maneira oposta.

Esses são apenas alguns exemplos dos *gremlins* que podem aparecer à medida que você começa sua limpeza interior. Mas a verdade é que os *gremlins* são ajudantes realmente fabulosos na limpeza, porque, conforme tentam atrapalhar, guiam você para os lugares mais bagunçados. Agradeça aos *gremlins* quando eles aparecerem, em vez de amaldiçoá-los. Observar seus gremlins enquanto você limpa irá prepará-lo para os próximos passos em sua jornada – limpeza de curto e de longo prazo.

Dois tipos de limpeza

Há também dois tipos de limpeza que eu gostaria que você experimentasse. O primeiro tipo é o que chamo de limpeza de curto prazo, que pode ajudá-lo a voltar ao seu centro quando antigos medos e acordos surgirem durante o dia. O segundo tipo é a limpeza de longo prazo, que é mais bem feita em horários designados, para você poder limpar as crenças mais profundas, que demandarão muito esforço.

No meu próprio caso, descobri a necessidade de uma limpeza de curto prazo ao visitar uma livraria em Berkeley há várias décadas. Era um dia de preguiça, e eu estava envolvida em uma das minhas atividades favoritas – folhear livros. Eu estava na seção de autoajuda, lendo títulos, apreciando as cores e texturas de capas e papéis, folheando os livros que pareciam interessantes.

Mas quando saí da loja e voltei para o meu carro, percebi que meu nível de energia havia despencado. Eu me senti miserável e não sabia o porquê. *O que mudou?*, eu me perguntei. Parei tudo e sentei-me no meu carro, fazendo o caminho de volta para descobrir o que tinha acontecido.

Rememorando, percebi o quanto estava feliz na livraria. Ao testemunhar mais profundamente, eu me vi diante dos livros de autoajuda e ouvi uma voz sutil e distante que não havia notado no momento: "Olhe para todos esses livros. Todos esses autores foram publicados. Você nunca vai escrever um livro. E, se escrever, ninguém irá ler. Tudo já foi escrito. Você não tem o que é necessário para escrever".

À medida que fiquei quieta dentro de mim, abri espaço para que o que me incomodava surgisse e se apresentasse. E ao trazer essa voz para a minha mente consciente, consegui limpá-la ao não acreditar nela. Eu sabia que ela estava ligada a medos mais profundos, mas naquele momento tudo o que eu precisava fazer era limpar aquele antigo pensamento e continuar o meu dia. Eu disse para mim mesma: "Você vai escrever muitos livros porque seu coração quer fazer isso". Minha energia aumentou, e eu me senti feliz novamente e segui adiante.

Na minha mente, fiz uma pequena observação. Eu tinha acabado de fazer uma limpeza de curto prazo em torno do medo de não alcançar meus sonhos. Por baixo disso estava um medo mais profundo, que eu coloquei na minha pilha de limpeza de longo prazo. Essa pilha originou-se de um grande medo: o de não obter aprovação e, em última análise, não ser amada.

Eu me ajudei de duas maneiras naquele dia. A primeira maneira foi prestando atenção à minha energia e limpando um pensamento da mente do desastre. A segunda maneira foi testemunhando que meu medo de não ser publicada era uma parte maior da minha estrutura, relacionada à necessidade de validação externa.

Antes de enfrentar a limpeza de longo prazo, é importante desenvolver a habilidade de limpeza de curto prazo. Consegui limpar meus pensamentos de desastre naquele momento e aproveitar o resto do meu dia devido aos anos de prática com limpeza de curto prazo, que inclui a coleta geral, a retirada do pó e a lavagem da vida cotidiana. A limpeza de longo prazo envolve renovações maiores, que exigem foco dedicado, espaço e recursos.

Limpeza de curto prazo

Quando você limpa algo com fogo, os detritos e a desordem que escondem a essência da verdade são queimados. Medo e insegurança são desordens. Eles continuarão a surgir à medida que você fizer novas escolhas. A partir de cada nova ação que você toma, uma porta de possibilidade é aberta dentro de você. Atrás dessa porta está não apenas a sua integridade mas também eventuais medos que escondeu lá ainda quando criança.

A partir do momento que você imagina sua estrutura energética como uma casa, pode ver como os cantos e fendas podem ficar sujos. Quando você não está olhando, bolas de poeira crescem debaixo das camas, e a sujeira acumula-se em lugares inesperados.

A limpeza de curto prazo consiste em observar onde a sujeira fica depositada em seu sistema e dedicar um pouco de tempo todos os dias para limpá-la.

Imagine se você lavasse sua louça ou seu carro apenas uma vez e dissesse: "Pronto, já terminei esse trabalho. Nunca mais vou precisar fazer isso de novo". Não demoraria muito para você perceber que seria necessário uma limpeza regular para manter esses itens no melhor estado possível. O mesmo acontece com o seu interior, pois tanto o seu mundo exterior quanto o seu mundo interior precisam de limpeza e polimento diários. Você sabe a importância de escovar os dentes diariamente e de lavar as mãos regularmente. Seu ser interior não é diferente. Ele também acumula sujeira e poeira com o uso.

Eis um exemplo de como a desordem e a sujeira podem surgir. Se você tem uma antiga história que diz "Minha mãe não me ama", a qual, ao longo do tempo, transformou-se em "Eu não sou amável", então cada vez que se deparar com uma situação que gera a crença "Eu não sou amável", isso criará uma reação emocional negativa dentro de você. Você pode ver duas pessoas se abraçando e sutilmente, ou mesmo inconscientemente, pensar: "Olha, eles têm amor, mas eu não, porque não sou uma pessoa amável". O lugar dentro de você que não se sente amável passa a ter ainda mais sujeira empilhada em cima dele.

Uma maneira de perceber a sujeira acumulada em seu sistema é por meio da diminuição de sua energia. Se você se sentir esgotado ou exausto sem motivo aparente (por exemplo, você não acabou de sair da academia), então preste atenção ao que tem pensado e acreditado. É o momento de parar e verificar consigo mesmo: "Existe algo que eu preciso esclarecer nesse momento?"

Continuando com o exemplo do casal que se abraça, vamos ver como se pode fazer uma limpeza de curto prazo. Digamos que você percebe que sua energia cai ou que se sente dominado pela negatividade, mas você volta a testemunhar o casal feliz e nota como sutilmente se julgou por não estar em um relacionamento.

Então, imagine desconectar a sua experiência da dos casais. Você está tendo uma experiência baseada na sua própria sujeira, não na realidade deles. Abençoe-os e assuma a responsabilidade de limpar o seu interior. Em seguida, imagine-se queimando o medo, a tristeza, a raiva ou qualquer outra emoção negativa que esteja surgindo dentro de você. Realmente veja a energia do fogo captando e consumindo esses sentimentos. Quanto mais real você tornar a imagem, mais eficaz será.

Depois disso, convide um novo pensamento para moldar criativamente o que você faz. Explore o seu artista interior e veja quais outras coisas são verdadeiras para você no momento. Você pode perceber algo como: "Ah, isso mesmo; estou escolhendo não estar em um relacionamento agora!", ou "Sinto falta de ter intimidade com alguém. Vou pedir um abraço para o meu melhor amigo e convidá-lo para dar uma volta comigo", ou "Eu gostaria de estar em um relacionamento com alguém e confio que o universo criará essa realidade quando for a hora certa".

Observe como esse processo de identificar o problema e tomar medidas para limpá-lo pode restaurar sua energia e sua sensação de felicidade. Esse é o benefício da limpeza de curto prazo; ela o convida de volta à liberdade do momento presente.

Ao continuar prestando atenção a seus pensamentos, você aprenderá sobre o tipo de sujeira que tende a acumular. A maioria de nós tem assuntos recorrentes que precisam de limpeza continuamente. À medida que você vai se conhecendo melhor, pode usar essa informação para ficar atento a quais áreas precisam de limpeza regular. Você também pode descobrir que, com o tempo, depois de limpar com frequência uma determinada área problemática, ela necessita de cada vez menos atenção.

Por fim, lembre-se de que pode haver uma lacuna entre uma reação que você tem, sua percepção dela e a consciência de que algo precisa ser limpo. No caso do meu incidente na livraria, minha capacidade de localizar e limpar minhas percepções negativas rapidamente foi uma habilidade adquirida. Antes dessa descoberta, muitas vezes levava horas ou até mesmo dias antes de perceber que minha energia estava baixa e que eu estava me julgando ou me sentindo vítima. As práticas apresentadas no fim deste capítulo irão ajudá-lo a aprender sobre seus padrões e a melhorar suas habilidades de limpeza de curto prazo. Elas também o ajudarão a se preparar para seus projetos de limpeza de longo prazo.

Limpeza de longo prazo

Os maiores acordos que você carrega há anos podem levar mais tempo para se dissolverem. Por isso, sugiro reservar um tempo apenas para esse fim.

Agende um encontro pela manhã ou à tarde consigo mesmo para analisar algumas dessas questões e traçar um plano para limpá-las.

Longo prazo significa longo prazo. Coloque as coisas em perspectiva contando há quantos anos você tem agido a partir de uma crença central em sua vida. Se você passou a vida toda acreditando que não é amável, ou que não é digno, ou que não merece a felicidade, levará algum tempo para limpar todas as manifestações dessas crenças.

Aqui está um ótimo exemplo de um projeto de limpeza de longo prazo. Enquanto a minha amiga Melanie empenhava-se nessa jornada de encontrar sua própria Grande Liberdade, ela percebeu que um dos principais bloqueios para experimentá-la era o medo de decepcionar as pessoas. Melanie sempre pensou que seu desejo de ser simpática era uma característica natural que lhe permitia se dar bem com todos os tipos de pessoas. Porém, quando ela começou a olhar mais profundamente para esse comportamento, percebeu que ser "simpática" o tempo todo era na verdade uma tentativa temerosa de se manter no controle para que os outros não ficassem chateados com ela.

Quando Melanie percebeu que sua gentileza era um encobrimento do seu medo, dedicou-se a limpar todos os lugares em que não falava a verdade por medo da reação das pessoas. "Percebi que evitava conflitos tentando sempre dizer o que eu achava que a outra pessoa queria ouvir. Eu fiz isso por tanto tempo que em certas situações *eu nem sabia mais o que era verdade para mim*". Esse foi definitivamente um projeto de limpeza de longo prazo.

A fim de não ficar sobrecarregada, Melanie começou devagar e escolheu um relacionamento para iniciar a limpeza de seus antigos acordos e padrões: uma colega de trabalho que muitas vezes ficava frustrada com ela. Todos os dias Melanie prestava atenção se estava sendo simpática como uma forma de evitar conflitos ou de maneira genuína.

"Enquanto me observava com minha colega de trabalho, encontrei muitos acordos adicionais que alimentavam meus medos de decepcionar os outros", Melanie disse. "Havia acordos de que eu não era suficientemente boa, de que as outras pessoas sempre sabiam mais do que eu, de que as opiniões dos outros eram mais valiosas do que as minhas e de que se eu compartilhasse a minha verdade teria problemas ou os outros não iriam gostar de mim."

Por meio de sua crescente conscientização e do registro, em um diário, sobre cada acordo diferente, Melanie foi capaz de começar a separar os diferentes fios do emaranhado de suas histórias.

Ela poderia, então, limpá-los um de cada vez. Duas das principais ferramentas de limpeza de longo prazo que ela usou foram a recapitulação, uma técnica xamânica de recuperação de energias do passado, que exploraremos na seção de práticas deste capítulo, e o aprendizado de um comportamento consistentemente aberto e resiliente em relação ao seu medo de desaprovação. Como ela usou essas ferramentas repetidamente, com o passar do tempo, seu desejo de ser autêntica superou seus antigos medos de decepcionar os outros.

Uma maneira de encontrar áreas que precisam de limpeza de longo prazo é perceber em quais situações você faz do comportamento dos outros uma condição para a sua própria liberdade pessoal. Sempre que você se ouvir fazendo declarações internas como "Se ao menos o meu chefe apreciasse o trabalho árduo que faço", ou "Se ao menos meu marido me ouvisse" ou "Se ao menos o mundo não fosse um lugar tão bagunçado", está colocando a sua própria liberdade nas mãos dos outros. Isso não é a Grande Liberdade. Como poderia ser, se você está entregando a coisa mais importante para outra pessoa? Lembre-se de que qualquer condição que você coloque em sua felicidade é o resultado de uma crença mais profunda que precisa ser purificada, como a crença de que você não é suficiente (que é uma das crenças mais prevalecentes em nossa sociedade atual). Você pode começar a desenterrar e queimar essa crença assumindo a responsabilidade por sua própria reação a qualquer acontecimento em sua vida. Isso tira a sua liberdade das mãos dos outros e coloca-a de volta onde ela pertence: em seus próprios ombros. Aqui estão alguns exemplos disso situação em ação:

• "Se ao menos o meu chefe apreciasse o trabalho árduo que faço" torna-se "Eu aprecio o trabalho árduo que faço. Isso faz eu me sentir realizado".

• "Se ao menos meu marido me ouvisse" torna-se "Eu quero ouvir a mim mesma e agir de acordo com o desejo do meu próprio coração".

• "Se ao menos o mundo não fosse um lugar tão bagunçado" torna-se "Mesmo com todos os seus problemas, o mundo é um lugar lindo. O que eu posso fazer hoje para torná-lo melhor?"

Quando você assume a responsabilidade por seus acordos, reações e opiniões, percebe que a maneira como você reage ao que os outros precisam mudar são muitas vezes encobrimentos para o que você mesmo precisa mudar, superar ou aceitar no mundo tal como o encontra. Analisando mais profundamente, você também pode descobrir que muitas das suas reações emocionais aos acontecimentos não têm nada a ver com a situação em si, mas sim são regidas por algo que você precisa limpar do passado.

Relacionado com o que foi dito, eu também aconselho você a ter cuidado com a armadilha de tentar limpar as coisas de outras pessoas. Para alguns de nós, essa pode ser a primeira área de limpeza de longo prazo – trazer sua energia de volta para a sua própria casa, assumindo a responsabilidade pelo que *você* deve limpar, e respeitar os outros o suficiente para permitir que eles façam sua própria limpeza (ou não façam). Pode ser fácil perceber que seu parceiro, seu chefe ou seus pais têm armários cheios de problemas, e isso pode ser uma boa distração para não olhar para os seus, mas a verdade é que os problemas de outras pessoas não são seus para serem limpos, e, além disso, você não poderia fazê-lo de qualquer maneira. Claro, se eles o convidarem a compartilhar o que você vê, faça isso com o máximo de amor e respeito. Em seguida, crie o espaço e o incentivo para que eles façam sua própria limpeza. Quando se trata da Grande Liberdade, todos são responsáveis por reivindicar seu próprio trabalho.

Limpeza como arte, limpeza como oração

Para manter a limpeza de longo e curto prazo, é necessária uma mudança consciente de atitude. Em vez de ver a sua limpeza interna como uma tarefa, você pode trazer um sentido de sacralidade à sua prática de limpeza, vendo-a como uma forma de arte e como um ato de oração.

Pense no modo como você limpa a sua casa física como um exemplo. Quando os pratos sujos acumulam-se, você coloca música e dança enquanto os lava, ou os lava de má vontade, desejando que eles desapareçam? Você valoriza o tempo que leva em sua vida para manter o mundo exterior limpo e arrumado, ou você se apressa, estando sempre um pouco atrasado e ressentido com a tarefa? Observe como essa mesma energia pode ser refletida em sua limpeza interna.

Ter paciência e recordar o antigo mantra "Progresso, não perfeição" são a chave para manter sua energia positiva. Se você tiver sido provocado por algo e estiver emocionalmente agitado, essa técnica funcionará melhor se você deixar a poeira baixar e as emoções acalmarem para que possa ver claramente o que precisa ser limpo. A paciência irá guiá-lo para a ação correta.

A limpeza, em todas suas formas, pode ser um ato de oração. Cada vez que lavo minha louça ou esfrego o chão, honro o poder da limpeza e sou grata por todos os presentes em minha vida. Toda vez que passo sabonete em meu corpo, reparo nas minhas mãos e na minha respiração e conecto-as com a limpeza que estou fazendo na minha mente. Mesmo quando a limpeza da casa parece esmagadora, começo em um ponto de algum cômodo e abençoo cada objeto que toco. O mesmo vale para a minha limpeza interior: em vez de olhar para o todo, concentro-me em uma área, no momento presente, e continuo trabalhando até que seja concluída – tudo com gratidão.

A limpeza também pode ser uma forma de arte. Imagine que sua história de vida é a mais bela obra de arte e que a limpeza é uma forma de acrescentar detalhes e refinamento ao seu trabalho, de repintar e restaurar a obra-prima. Como qualquer artista dirá, a alegria muitas vezes é encontrada no próprio trabalho criativo, e não no contentamento com o acabamento da peça. A sua vida é uma obra de arte, e a liberdade é conquistada por meio da prática diária de torná-la de fato essa obra de arte.

Por fim, convido você a ser grato por seus antigos acordos e crenças, mesmo quando você os purifica, porque, gostando ou não, eles foram úteis de alguma forma. Você os adotou para ajudá-lo a compreender e gerenciar o seu mundo, e eles cumpriram o seu propósito. Enquanto você limpa seus antigos acordos e crenças, agradeça-os por todas as maneiras pelas quais eles o serviram e, em seguida, desmonte-os peça por peça. Lave a sujeira dos julgamentos e liberte-se da necessidade de que as coisas sejam diferentes do que são. Para evitar ser sobrecarregado pela grandiosidade de sua tarefa, mantenha o foco em uma área, limpe-a o quanto puder, e siga em frente. Gratidão e perseverança são as melhores formas de trabalho árduo que existem. Explore a beleza e a perfeição do que você está limpando à medida que o liberta.

Ao clarear e limpar, trate-se como uma criança amada que, depois de um longo dia de brincadeiras, volta para casa coberta de lama e com o cabelo cheio de nós e grudes. Com toda sua compaixão, sua paciência e seu cuidado gentil, sente-se e comece a lavar a lama e pentear os emaranhados. Sob a sujeira e o cabelo desgrenhado, existe uma criança querida, pronta para amar, para se abrir e para explorar a vida.

Práticas

Convido você a mergulhar nas práticas seguintes, destinadas a ajudá-lo a aproveitar sua energia para clarificar o que não está mais lhe servindo. Você também encontrará uma meditação guiada que trata o segundo dos quatro elementos de uma forma incorporada para guiá-lo, da mesma forma que veio até mim no Sonho dos Anciãos.

Recapitulação

Uma das técnicas de limpeza xamânica mais poderosas que conheço é a ferramenta tolteca de recapitulação. É uma técnica simples baseada na respiração e na vontade focada, e o seu objetivo é recuperar a energia que foi perdida durante interações passadas.

A recapitulação é uma forma de limpeza consciente que o liberta dos filamentos energéticos que o conectam a acontecimentos passados da sua vida. Esses laços energéticos afastam você do momento presente, porque, ao serem experimentadas circunstâncias semelhantes, esses filamentos são ativados novamente e trabalham para puxá-lo para o passado. A recapitulação liberta essas vinculações em relação a eventos passados e recupera essa energia.

Embora existam diferentes maneiras de fazer recapitulação, a maioria delas inclui três parâmetros importantes: (1) escolher um espaço seguro, confortável e sem distrações, (2) estabelecer sua intenção ou sua vontade de recuperar energia e (3) usar sua respiração para puxar e recuperar energia. A versão que compartilho aqui aprendi com meu amigo Lawrence Andrews.

Encontre um espaço confortável e livre de distrações e comece deixando claro para onde você deseja que vá a energia extra que vai surgir. Por exemplo, você pode dizer: "Minha intenção é ser mais amoroso" ou "Minha intenção é estar mais em paz". É importante que você tenha um foco para a energia que está chamando de volta do passado.

Depois de definir sua intenção, lembre-se de uma situação difícil que experimentou no passado e como isso o afetou. Pode ser algo da sua infância, mas não necessariamente. Pode ser algo que aconteceu nesta semana. Por exemplo, qualquer situação em que você tenha se sentido traído ou enganado, ou alguma vez em que você tenha se sentido envergonhado ou humilhado, pode roubar sua energia e continuar a gerar emoções negativas dentro de você toda vez que pensa sobre o acontecimento ou vê algo que o faz lembrar-se dele.

Em seguida, enquanto estiver sentado ou deitado confortavelmente, deixe sua mente voltar ao acontecimento. Visualize as circunstâncias, as pessoas e os lugares do momento com a maior clareza possível, sem se apegar aos aspectos emocionais de cada cena. Inspire profundamente e, ao fazê-lo, imagine que está inspirando sua energia a partir da cena. Visualize sua energia retornando a você sob a forma de respiração ou sinta a energia entrando em seu corpo – ou as duas coisas. Torne a sua respiração audível. Uma ótima técnica é imaginar-se como um aspirador de pó, inalando sua energia para fora da cena. Você pode ver a própria energia como filamentos dourados ou pedaços de luz quente. Preste atenção à energia que retorna ao seu corpo e observe onde ela aterrissa. Pode parecer uma abertura no peito, um formigamento agudo na garganta ou uma força renovada nas pernas. Mas não fique preso nessa análise. Simplesmente inspire a sua energia.

Ao expirar, exale qualquer energia que você tenha recebido de outra pessoa ou quaisquer acordos defeituosos que tenha feito na ocasião (lembre-se de que todo esse trabalho é feito com amor. Sendo assim, se você começar a julgar algo ou a se sentir irritado, mude a recapitulação para algo que não seja tão doloroso emocionalmente). Imagine inspirar sua própria energia e expirar qualquer energia que possa ter assumido e que não lhe pertença. Se você sentir que, no passado, enviou alguma energia negativa, pode praticar a inspiração e, em seguida, direcioná-la para o chão, deixando a terra transformar essa antiga energia. Continue a respirar e a visualizar, absorvendo sua energia perdida e libertando qualquer coisa que não lhe pertença ou que você não queira mais manter.

A recapitulação pode durar apenas alguns minutos ou pode demorar mais, se for necessário. A duração da prática não é tão importante quanto o foco que você direciona a ela. À medida que outros pensamentos surgirem (e eles certamente surgirão), gentilmente traga de volta a consciência para sua respiração e sua intenção. A respiração audível irá ajudá-lo com isso. Quando se sentir completo, faça três respirações profundas finais e visualize que está usando a luz para limpar qualquer coisa que não lhe pertença no momento.

Embora você possa precisar fazer mais de uma sessão para cada acontecimento específico, com o tempo conseguirá pensar sobre o evento sem sentir nenhuma negatividade como resultado. É quando perceberá que o acontecimento já não tem mais qualquer influência sobre você. Ao continuar essa prática, você sentirá um aumento de energia em seu corpo. Você também pode fazer minissessões de recapitulação à noite para recuperar a energia perdida com experiências do início do dia. Lembre-se do principal: escolha um lugar, estabeleça sua intenção e respire conscientemente a sua energia.

Conexão com o elemento fogo

Limpar significa desapegar do passado e abraçar o momento presente. Aqui está uma pequena prática, particularmente poderosa se feita após a recapitulação, para conectar o elemento fogo e a arte da limpeza.

Leia novamente as táticas do *gremlin*. Em cinco pequenos pedaços de papel, escreva cinco maneiras de sabotar, distrair ou limitar a si mesmo. Ao escrevê-las, expresse-as em forma de gratidão. Por exemplo:

"Agradeço por constantemente projetar meus medos de que outras pessoas não gostem de mim".

Segure os papéis e feche os olhos. Pergunte a si mesmo se está realmente pronto para abandonar essas táticas. Se estiver, agradeça em voz alta uma por uma. Com isso, você honra a intenção inicial dos *gremlins* de mantê-lo seguro e permite que eles saibam que agora você está pronto para viver de outra maneira.

Encontre um lugar seguro para queimar os pedaços de papel. Antes de fazer isso, leia em voz alta suas palavras ou frases de agradecimento. Depois, diga em voz alta: "Eu agora as liberto para o fogo da transformação", e então entregue-as à chama da limpeza. Sinta o calor e a luz do fogo dentro de você, consumindo essas antigas crenças, enquanto observa os papéis transformarem-se em cinzas.

Guia interior

Vamos continuar criando novos caminhos na mente e no corpo com a visualização seguinte. Lembre-se: quando visualizamos algo em nossas mentes, nós o energizamos e o tornamos real. Apelamos às forças invisíveis para nos apoiarem e guiarem, da mesma forma que os xamãs usaram a visualização e a jornada espiritual para se conectarem com aliados sagrados.

Visualização do fogo para renovação

Essa visualização é uma maneira poderosa de trazer os ensinamentos do Sonho dos Anciãos para sua própria vida. Você chamará um guardião para lembrá-lo das novas qualidades que está incorporando e guiá-lo em sua jornada em direção à Grande Liberdade. Seu segundo guardião é do elemento fogo. Com o fogo, você aprende a arte da limpeza interior – o uso correto da ação.

Deixe seu corpo confortável e respire fundo a partir de seu ventre.

Imagine-se de pé no meio de um círculo de pedras. Esse círculo abrange e mantém cada parte sua em seu abraço. Virado para uma direção, peça orientação e visão do elemento fogo para ajudá-lo a limpar antigos acordos e abrir caminho para um novo crescimento.

Em seguida, faça um convite a um guia do fogo para acompanhá-lo e apoiá-lo na assunção da responsabilidade de limpar a sua estrutura. Esteja aberto para as muitas maneiras como o guia pode aparecer. O seu guia do fogo pode ser um animal, uma pessoa que você conhece ou um estranho. Pode ser uma voz silenciosa em sua cabeça ou um conhecimento em seu corpo. Seu guardião do fogo pode não vir até você imediatamente, mas pode chegar mais tarde em um sonho ou no meio do seu dia. Reze pelo poder de limpar a sujeira mais resistente e os acordos mais arraigados com graça e alegria.

Quando se sentir completo, peça um símbolo para representar esse novo compromisso e, em sua imaginação, coloque-o como um marcador de direção em seu círculo de pedras. Deixe esse símbolo lembrá-lo dos benefícios da limpeza. Em seguida, imagine o círculo dissolvendo-se.

Agora que você chamou o guardião do fogo, escolha um objeto para representá-lo e coloque-o fora do círculo do seu altar físico: um pedaço de palo santo ou outro incenso de limpeza, um fósforo ou qualquer objeto que lhe agrade e que represente sua nova visão. Estabeleça a intenção de usar todos os elementos e seus dons com sabedoria para guiá-lo na limpeza de sua antiga estrutura e chegar ao centro em seu eu autêntico.

4
ÁGUA: A ARTE DA ABERTURA

ABRINDO ESPAÇO PARA O FLUXO

> *Quando uma porta de felicidade se fecha, outra se abre; mas muitas vezes olhamos tanto para a porta fechada que não vemos a que foi aberta para nós.*
>
> • Helen Keller •

A sua jornada para a Grande Liberdade começou com as práticas de limpar sua visão com a dádiva do ar e purificar seu interior com a dádiva do fogo. O terceiro aspecto elementar é aprender a estar aberto a tudo que a vida traz, e isso é uma dádiva da água. A água corrente é um símbolo poderoso para esse tipo de abertura, e o nosso objetivo aqui é usar a energia dela para dissolver quaisquer áreas que estejam paralisadas ou bloqueadas dentro de você.

Muitas religiões usam a água como meio de purificação e abertura do espírito. Os muçulmanos lavam respeitosamente as mãos e os pés antes de entrar na mesquita para rezar. Os cristãos são batizados para se purificarem e se abrirem para aceitar Deus. Diversas tradições xamânicas usam a água para criar um espaço sagrado antes de uma cerimônia. Quando nos alinhamos com o elemento água, nós nos conectamos com muitas práticas de purificação e abertura de canais para nos preparamos para algo novo.

O quanto podemos nos abrir para tudo o que a vida traz correlaciona-se com a nossa experiência da Grande Liberdade. A abertura permite-nos libertar suposições, oferece a oportunidade para que milagres aconteçam e abre espaço para o universo intervir e ajudar de maneiras que não podemos imaginar. Ela solta o que não é mais útil e expande-nos para além do conhecido.

Esse tipo de abertura significa que você está não apenas se abrindo para as coisas de que gosta, mas também aprendendo a se abrir para as coisas de que não gosta. Quando as coisas parecem boas ou você consegue o que deseja, pode não ser necessário muito esforço para manter a abertura (embora às vezes nossos *gremlins* apareçam, mesmo nos melhores momentos, perguntando: "Quem você pensa que é para merecer isso?"). Em geral, é muito mais difícil permanecer aberto a situações ou emoções difíceis.

À medida que você aprende a permanecer presente e aberto tanto ao "bom" quanto ao "mau", cria espaço para que a magia ocorra. Quando as coisas dão "errado", a mente do desastre pode apresentar todos os tipos de razões para que as coisas não sejam do jeito que são e gritar em seu ouvido que elas só vão piorar. Mas a Grande Liberdade convida-o a encarar a situação e perguntar: "Nessa situação, quais coisas são melhores do que eu tinha pensado?" Esse tipo de abertura baseia-se em acolher o momento presente tal como ele é encontrado.

Para deixar claro, estar aberto não significa que você vai se tornar um capacho e aceitar pessoas ou situações que violem seus limites ou se aproveitem de você. A abertura não diminui o seu poder de realizar mudanças em si mesmo ou no mundo. Na verdade, a abertura aponta para uma atitude de entrega e aceitação que o fortalecerá enquanto você trabalha para mudar o que pode.

Além disso, no caso das situações que não podem ser mudadas, a abertura convida-o a ficar alinhado com o que é e liberta-o de gastar energia acreditando que as coisas poderiam ser diferentes do que são no momento. Lutar contra algo que você não pode mudar mantém-no fechado em uma prisão que você mesmo criou. A abertura não é um estado de espírito passivo de aceitação desencorajada em relação ao seu mundo interior ou à realidade exterior. É um corajoso movimento interno de confiança no desenrolar da vida.

A água convida-nos a ser abertos de grandes e pequenas maneiras. Por exemplo, digamos que você tenha um piquenique planejado no parque na parte da tarde e, de repente, começa a chover. Você pode reclamar da chuva o quanto quiser e desejar que ela não esteja acontecendo, mas isso não vai mudar a situação. Ou você pode estar aberto ao fato de que está chovendo, agradecer à água por nutrir a terra e procurar uma forma criativa de passar o dia.

Em um exemplo maior, tenho uma amiga que recentemente foi diagnosticada com câncer. Quando o médico deu a notícia, ela observou a reação inicial de sua mente, que foi de raiva intensa e medo paralisante.

Ao sentir que estava indo para um beco sem saída, voltou seu coração e sua mente para a abertura. Em vez de gastar sua energia com medo ou discutindo com a realidade, ela imediatamente aceitou a verdade do diagnóstico e colocou toda energia e toda concentração no tratamento e em tudo que estava ao seu alcance para remover o tumor. Ainda estava com medo e sentia raiva, mas abriu espaço em si mesma para algo mais. Minha amiga queria viver fundamentada na Grande Liberdade, não sobrecarregada e limitada por uma luta interna contra a realidade.

O exemplo da minha amiga é poderoso, e quero enfatizar que ela vem fazendo esse trabalho interno há anos. Seja gentil consigo mesmo enquanto aprende a ser aberto. Não há razão para se punir quando o antigo hábito do fechamento vem. Lembre-se de que é um progresso em direção à perfeição. Uma excelente maneira de permanecer nesse caminho é aprender a estar presente em relação a algo que experimentamos todos os dias e muitas vezes tentamos desligar: nossas emoções.

Dissolvendo o que está preso

Somos criaturas sentimentais, com vidas emocionais ricas e complexas, mas muitos de nós temos acordos antigos e desatualizados sobre emoções. Fomos ensinados a esconder alguns sentimentos ou a pensar que determinadas emoções são inadequadas ou mesmo vergonhosas de sentir. A verdade é que todas as emoções são uma parte natural da nossa experiência humana e, se as ouvirmos, podem nos ensinar muito sobre nós mesmos.

Às vezes reprimimos ou escondemos nossas emoções porque nunca fomos ensinados a expressá-las de maneira que fizesse sentido. Ou talvez, quando as compartilhamos no passado, outras pessoas tenham se magoado como consequência. A ironia é que, se fecharmos nossas emoções em um esforço para proteger os outros, isso pode resultar em uma reação de explosão emocional, causando muito mais danos no processo. Nosso objetivo, então, é aprender a estarmos abertos às nossas emoções e expressá-las de maneira que sejam úteis e não destrutivas.

Tenho uma amiga que repete esse mantra para os seus filhos quando estão no meio de ressentimentos que podem levá-los a ações que não são boas: "Todas as emoções podem ser aceitas; certas ações devem ser limitadas". Em outras palavras, sentir ciúmes é bom, mas bater no seu irmão e roubar o brinquedo dele, não muito.

Quando você está trabalhando com a prática de se abrir mais plenamente às suas emoções, pode descobrir que sentimentos há muito esquecidos começarão a surgir. Sua reação inicial pode ser a de resistir a eles ou de reprimi-los mais uma vez, afinal, muitos dos seus acordos mais poderosos foram forjados como resposta a sentimentos desconfortáveis que você experimentou no começo de tudo.

Muitos de nós acreditamos que, se mantivermos nossas emoções oprimidas, ficaremos livres de senti-las, como se pudéssemos escolher apenas experimentar emoções positivas enquanto reprimimos as negativas. Para o bem ou para o mal, a emoção flui a partir de uma única fonte – não há algo que separe o "bom" e o "mau".

Eu também penso que a tática de manter suas emoções represadas pode ter funcionado até certo ponto, e em alguns casos pode até mesmo ter sido necessária. Quando você era criança, talvez lhe tenha permitido sobreviver em situações emocionais inseguras. Mas, quando chegamos à idade adulta, esse hábito de fechar-se só aumenta as paredes de nossa prisão interna. O que antes o ajudou a sobreviver aos altos e baixos de sua infância pode se manifestar como crenças e acordos negativos na vida adulta, se você não aprender a abri-los e libertá-los.

Usando nosso exemplo anterior, digamos que você experimentou algum trauma em sua infância que o deixou com a crença de que sua mãe não o amava ou não se importava com você. Se você reprimir os sentimentos de rejeição e perda associados a esse acontecimento, eles poderão surgir mais tarde na forma da crença de que ninguém jamais o amará de verdade ou de que você "não é amável".

Armado com esse acordo, toda vez que você estiver em um relacionamento e se sentir amado, essa nova energia trará à tona a lama das antigas emoções. Sem compreendê-las, você pode inconscientemente criar drama para sabotar o relacionamento que está lhe trazendo o amor de que você precisa ou duvidar de que a pessoa que professa seu amor por você esteja sendo sincera. Você pode até culpar o seu parceiro ou a sua parceira pelos sentimentos desconfortáveis. Se o seu parceiro ou a sua parceira recuar ou ficar chateado(a) como resultado, você vê isso como um reforço da sua crença de que não pode ser amado. Percebe como a coisa funciona?

Descobri isso em minha própria vida no início do meu aprendizado com Don Miguel Ruiz, autor do livro *Os quatro compromissos: o livro da filosofia tolteca – um guia prático para a liberdade pessoal* e líder na comunidade xamânica tolteca. Quando comecei a estudar nessa comunidade, orgulhava-me de ser forte, independente e especial. A verdade é que eu tinha inseguranças profundas, pensando que não era suficientemente boa, e tinha grande pavor de desaprovação. Nada disso estava claro para mim na época, mas o resultado era que eu passava uma imagem de tenacidade, tentava liderar projetos e depois procurava rapidamente a aprovação dos outros, precisando que eles me dissessem que eu estava indo bem. Eu ansiava por essa aprovação para encobrir antigas feridas da minha infância e a crença subjacente de que eu não era boa o suficiente.

Como resultado dessas histórias e emoções enterradas, eu frequentemente passava os dois primeiros dias de um seminário lutando com uma resistência enorme contra qualquer nova informação. O que percebi mais tarde foi que minhas antigas ideias estavam sendo ameaçadas, inseguranças e emoções de experiências passadas estavam surgindo, e minha reação foi tentar empurrar tudo isso para dentro, em vez de ficar aberta e curiosa a respeito da situação.

Embora eu tenha aprendido isso sobre mim ao longo de um grande período, uma das minhas maiores descobertas ocorreu durante uma viagem ao Peru na década de 1990. Minha querida amiga e mentora Gini estava determinada a me ajudar a superar minha necessidade de ser vista como forte, independente e especial, bem como minha necessidade de aprovação. Ela elaborou um plano com Don Miguel e pediu que eu me abstivesse de ensinar ou falar com qualquer pessoa durante os cinco primeiros dias da viagem; em vez disso, a partir de um lugar de silêncio, eu deveria me concentrar em estar a serviço de todos na jornada.

No início, eu me senti ótima. Pratiquei estar a serviço dos outros, permanecer no momento presente e estar aberta. Isso durou cerca de um dia. Então meus antigos hábitos, crenças e emoções reprimidas começaram a se afirmar. No segundo dia, eu comecei a me sentir despercebida e ressentida, inclusive dizendo a mim mesma que Gini estava se aproveitando de mim. Minha mente começou a girar e a criar todos os tipos de cenários estranhos: "Por que ela está fazendo isso comigo? Obviamente está tentando me controlar para me fazer causar uma má impressão". Eu saltei da autocrítica para o severo julgamento de Gini e de outras pessoas. Mas dessa vez eu também sabia que no fundo havia uma lição em algum lugar, e minha própria resistência estava me impedindo de ver o que era.

Então, em certa manhã, Gini pediu-me para ajudá-la a planejar uma cerimônia com o grupo, algo que normalmente adoro fazer. Naquele momento, eu explodi furiosamente com ela, libertando toda a minha emoção reprimida de uma só vez. Fiquei tão furiosa que acho que realmente amaldiçoei Gini enquanto saí correndo pela porta. Meus *gremlins* estavam em pleno voo: "Como ela se atreve a pensar que pode me pedir para ficar em silêncio por dias e depois ainda profere um insulto me pedindo para organizar uma cerimônia!"

Olhando para trás, minha forte reação, agora, parece cômica, mas na época eu fui tão pressionada pela minha própria necessidade de ser vista como independente e importante, e de receber a confirmação disso pelos outros, que eu estava cega para o fato de que esses foram os problemas que causaram a minha reação. A verdade é que não havia nenhum problema naquela situação, exceto aqueles que eu estava criando ao me manter fechada aos acordos e às emoções do meu passado. Ainda incapaz de ver isso, saí do hotel e, irritada, fui para Machu Picchu. Estava chovendo muito, mas resolvi subir a Huayna Picchu, uma montanha linda, sagrada e muito íngreme na periferia da cidade.

Minha raiva continuou a crescer à medida que eu subia. Meus pensamentos e sentimentos oscilavam entre dois extremos. Eu não conseguia decidir se deveria me jogar do penhasco como desculpa por ser um ente espiritual tão miserável ou voltar e gritar com Gini por ter me maltratado. A chuva ficou mais forte, e os degraus de pedra tornaram-se mais íngremes e escorregadios. Logo cheguei a um ponto de escolha. Eu sabia que podia me agarrar à minha raiva e à minha resistência ou continuar subindo a montanha. Não tinha energia para fazer as duas coisas. Quando dei o passo seguinte, eu me rendi. Parei de resistir e observei as emoções e a luta desaparecerem com a chuva enquanto eu continuava a subir.

Essa foi uma das minhas primeiras experiências da Grande Liberdade.

Meu ponto de escolha foi simples: permanecer fechada ou explodir. Por um dom da graça (combinado com o esgotamento interior e exterior), escolhi abrir e seguir em frente no meu caninho até a montanha. Percebi que não havia nada para defender nem nada contra o qual lutar. Ao subir a Huayna Picchu, meu coração abriu-se. Eu simplesmente era. Não precisava ser aceita. Não precisava ser reconhecida. Não precisava ser vista de certa maneira pelo grupo. Tudo isso caiu por terra. Deixei de me identificar com minhas histórias antigas, e isso me permitiu olhar para a dor do meu passado e abrir-me para ela, a fim de que pudesse limpá-la do meu presente.

Quando você luta contra suas antigas emoções, elas ganham energia. Quando você se abre e diz "Obrigada pela forma como me serviram no passado; agora eu as liberto e escolho aceitar o amor", tira o poder da estrutura antiga e entrega-o para a estrutura nova.

Abertura ao medo

O medo geralmente acompanha nossas outras emoções negativas e histórias mentais, e essas emoções de medo muitas vezes podem levar a uma reação de fechamento e resistência em vez de abertura. Mas, quando você acessa o medo dentro de si mesmo enquanto faz um trabalho interno, isso geralmente é um sinal de que você está se movendo por meio do solo instável de seus acordos passados e em direção à base autêntica dentro de si.

Medo é energia. O medo é simplesmente outro caminho para a liberdade. Quando você se abre ao medo e aceita que ele está presente, cria espaço para que esse sentimento transforme-se em algo novo. Em vez de dizer para si mesmo "Estou com medo, estou com medo, não consigo fazer isso", tente dizer "Estou aberto a sentir esse medo. Estou disposto a me sentir desconfortável. Estou entusiasmado com a liberdade que me espera quando eu superar esse medo".

Don Miguel ensinou-me uma lição maravilhosa sobre pular nas águas do medo como forma de cura. Em 1996, ele esteve perto de se afogar durante uma viagem a Palenque, México. Dois anos depois, fui mergulhar com ele em Maui, Havaí. Colocamos um colete salva-vidas nele, e Don Miguel rapidamente pulou na água, apenas para sair rapidamente dela logo em seguida. Enquanto ele estava sentado ofegante no convés do barco, perguntei-lhe se estava bem.

"Essa é a primeira vez que entro na água desde que quase me afoguei", ele disse, "e meu corpo lembra do medo". Então ele sorriu para mim e pulou de volta na água.

Eu o vi pular e sair da água três ou quatro vezes, cada vez com menos pânico. Logo depois já estava remando alegremente nela. Don Miguel demonstrou como se abrir para o medo e ir além dele estando disposto a sorrir e depois – com consciência – mergulhar de novo e de novo até o medo diminuir. Ele não se fechou e disse "Eu não deveria sentir esse medo" ou "Esse medo significa que eu não devo entrar na água". Sua intenção era desfrutar da água, e, assim, ele simplesmente continuou mostrando ao seu corpo que estava seguro até que tivesse confiança novamente.

Ao se abrir para o fluxo de suas próprias emoções, fique atento a quaisquer medos que surjam simultaneamente. Observe como esses medos podem provocar uma reação em você. É possível que se sinta tentado a deixar de olhar para dentro, a fechar as suas emoções ou até mesmo a julgar a si mesmo por ter medo. Quando você se lembra do elemento água, recorda que abrir significa nadar acompanhando a corrente de suas emoções em vez de lutar contra elas. Dessa forma, você pode ficar atento a essas ondas de emoção, incluindo quaisquer medos que surjam, e deixá-las fluírem por meio de você e ao seu redor.

Eis outro exemplo. Um aluno meu ligou-me enquanto passava por uma situação de intenso medo. Depois de anos de entorpecimento, Michael estava começando a sentir suas emoções. Quando criança, ele testemunhara o pai, que era alcoólatra, bater em sua mãe e havia fechado a porta para as suas emoções na tentativa de lidar com o problema. Então, enquanto estava abrindo a porta para a cura, olhando profundamente para essas experiências passadas, a intensidade do seu medo reprimido e da sua raiva pelo seu pai o assustavam, e ele podia sentir que estava começando a se desligar novamente em um esforço para interromper a dor. Embora quisesse genuinamente queria se livrar disso, podia sentir seu antigo hábito querendo entrar em ação, que era o de sempre fechar a tampa e de parar o fluxo toda vez que essas memórias e emoções surgiam.

Eu sugeri: "Em vez de permitir que o medo seja um gatilho para o desligamento, convide o medo e agradeça-o por mantê-lo seguro durante todos esses anos. Veja-o agora como um convite para a transformação, não como um desejo de parar". Michael passou algum tempo falando sobre suas experiências, incluindo os medos que estavam surgindo e, ao fazê-lo, subitamente percebeu que, depois de anos de entorpecimento, o medo era na verdade um sinal de que estava no caminho certo.

A experiência de Michael oferece-nos outra lição. É muito mais fácil estar aberto às suas emoções, incluindo o medo, quando se pode confiar em um amigo fiel, um orientador ou um conselheiro profissional. Estar aberto às emoções de uma nova maneira traz a vontade de compartilhar seus sentimentos à medida que eles surgem. Como seres humanos, nossos sentimentos fluem muito mais livremente quando os verbalizamos e os experimentamos de forma saudável.

Pode ser útil fazer uma pausa agora e lembrar da perspectiva mais ampla do que você está fazendo. O seu objetivo é experimentar a Grande Liberdade, e isso significa não mais permitir que o medo controle sua vida. Se você prestar atenção apenas no medo, irá recuar, e nada mudará. Se olhar para o panorama, verá a perfeição do seu terror, a razão de estar desconfortável. Você está ativamente desmanchando o antigo e abrindo espaço para o novo. Continue avançando com o coração aberto até que o medo diminua.

Fique aberto ao fechamento

Haverá momentos em que você verá um antigo acordo, uma emoção ou um padrão de pensamento, saberá que isso que está machucando, e ainda assim fechará ou empurrará essa circunstância para dentro de si. Se fizer isso, não se julgue; em vez disso, esteja aberto ao fato de que está se fechando. Você pode dizer para si mesmo: "Estou aberto para o fato de estar fechado. Isso é o melhor que posso fazer nesse momento". A partir disso, você pode observar e perceber qualquer uma das consequências que a permanência fechada naquela área em particular tem na sua vida.

Às vezes é muito assustador libertar-se do comportamento antigo, ou ainda há algo a ser aprendido com ele, ou você não tem energia para fazer a mudança. Seja gentil consigo mesmo. Mantenha sua consciência e seu coração abertos, e você gradualmente se entregará a uma nova maneira de ser.

Às vezes, nossos maiores despertares acontecem nas situações mais difíceis. O que é revelado durante esses tempos pode ser chocante. Um dos melhores momentos para praticar a abertura é quando você está sobrecarregado. Você consegue se abrir para o que quer que esteja acontecendo no momento presente? "Ah, agora estou sentindo medo em meu corpo. Eu me abro para esse medo e deixo que ele se mova por meio de mim"; ou "Ah, eu me sinto fechado, entorpecido e indisponível. Não há problema em estar fechado".

O dom de se abrir para o que a vida traz, incluindo suas emoções, permite que você se mova suavemente por meio de mudanças inesperadas ou transições de vida. Quando você está aberto, é mais capaz de ver quaisquer escolhas imaginativas ou criativas que surgem nesses momentos difíceis. Além disso, estar aberto permite que você aceite e ame todos os aspectos de si mesmo, desde a alma divina até a criança que grita. Cada emoção e cada reação ensinam algo novo, e outra pérola de sabedoria é adquirida quando você mantém seus olhos e seu coração abertos.

Aqui estão alguns traços específicos para cultivar dentro de si mesmo para ajudá-lo em seu caminho:

Paciência: A abertura é um processo gradual, então seja paciente consigo mesmo. Você não acorda um dia e diz: "De hoje em diante, estarei sempre aberto a tudo". É preciso prática e persistência. A verdade é que cada um de nós sabe como fazer a abertura. Fazemos isso naturalmente quando nos sentimos seguros. Também podemos aprender a nos abrir quando não nos sentimos seguros ou quando nos sentimos desafiados de alguma forma.

Perseverança: À medida que você aumenta sua abertura, começa a ver que a maioria das suas reações emocionais não tem nada a ver com o presente. Continue abrindo as portas para o passado e muitas vezes você rastreará a verdadeira fonte da sua dor. Procure a criança assustada, o adolescente solitário. Que acordos eles podem ter feito?

Apoio incondicional: Quando você encontrar uma parte sua assustada e confusa, acolha-a de braços abertos. A intimidade está aparecendo, quer você esteja se sentindo no topo do mundo, quer você esteja se sentindo apavorado. Abra espaço para todo o seu eu emocional. Lembre-se de que cometer erros faz parte do processo e de que você só precisa ser exatamente quem é. O amor-próprio é a chave para uma mudança duradoura.

Gratidão: Crie o hábito de pensar nas coisas pelas quais você é grato escrevendo uma lista diária, compartilhando-as com outras pessoas ou comprometendo-se com alguma outra prática. Quando você é grato, a abertura acontece. Quando pensa em alguém que ama, a abertura acontece. Quando vê um bebê ou um cachorrinho, a abertura acontece. Analise essa sensação em seu corpo. Como você sente? O que faz você se abrir? O que faz você se fechar?

Permitir emoções puras

À medida que seu corpo emocional cura-se, você pode começar a sentir emoções puras, separadas de qualquer história, crença ou experiência passada. Após o fim de um relacionamento amoroso, passei um ano observando minha culpa. Comecei percebendo quando me sentia culpada e fui rastreando esse sentimento até uma fonte imediata. Depois comecei a rastreá-lo de volta até uma possível fonte passada. Voltei cada vez mais ao meu passado e, no final, percebi que sempre me senti culpada. Ponto. Não havia nada surgindo do meu passado para explicar isso. Eu poderia inventar todos os tipos de histórias para encontrar uma maneira de a culpa fazer sentido, mas eram simplesmente isso – histórias.

Por vivermos em uma cultura de muita culpa (a história de Adão e Eva e o pecado original é um dos acordos coletivos mais antigos que compartilhamos), penso que acabei absorvendo tudo isso do mundo para a minha vida. Ponto. Reconhecendo que não era uma coisa minha, pude me abrir a ela e deixá-la ir. Quando surgisse, eu poderia dizer: "Ah, veja, é culpa, e não tenho nada para me sentir culpada". Essa foi a minha maneira de me abrir e de me libertar disso. Se eu tivesse continuado a reprimir a culpa e me agarrado a ela, o que você acha que teria acontecido?

Conforme você for se abrindo para as suas emoções, esteja atento às maneiras como sua mente tenta controlar ou acionar seu corpo emocional com suas histórias e seus medos. Muitas vezes, quando você ilumina seus pensamentos com clareza e abre-se para as suas emoções, sem histórias, essas emoções dissolvem-se ou fluem facilmente por meio do seu ser, trazendo mais espaço e alegria. Quando você abre e liberta suas antigas emoções simplesmente as testemunhando, suas emoções são capazes de funcionar como deveriam. Assim, novas emoções não ficam presas, mas sim movem-se de forma rápida e limpa.

À medida que você continua a se abrir, a autodescoberta e o aprendizado tornam-se uma alegria. Você passa da resistência e do medo para uma sede de sabedoria que derramará mais fluxo em seu ser. O medo e as muitas emoções que derivam dele – como raiva, justificação e resistência – surgirão e desaparecerão. E é claro que o inverso também é verdade; felicidade, amor e aceitação surgirão e desaparecerão. A Grande Liberdade significa que também não há apego a essas coisas. Tal como o fluxo da água, nenhuma dessas emoções é permanente. Permita que elas se movam naturalmente por meio de você e mantenha seu ponto central interior imóvel. Você não é as suas emoções, bem como também não é os seus pensamentos. Abrace-os como seus filhos, ame-os e apoie-os no processo de amadurecimento, mas não deixe que eles administrem a sua casa. Você descobrirá que a Grande Liberdade não é a liberdade de emoções e crenças, e sim a liberdade de ser inteiro dentro e por meio delas.

Práticas

Convido você a mergulhar nas práticas seguintes, que se destinam a expandir sua liberdade e sua flexibilidade e a conectá-lo à orientação da água. Você também encontrará uma meditação guiada que trará o terceiro dos quatro elementos de forma corporificada para ajudá-lo como guia, da mesma forma que veio até mim no Sonho dos Anciãos.

Investigando o fechamento

Quando vivenciamos experiências que nos assustam ou desafiam nossas crenças, podemos responder a elas desligando nossos corpos emocionais e energéticos, a fim de bloquear a dor potencial. Ao explorar os acordos subjacentes e as experiências passadas que nos fazem desligar assim, podemos ver mais claramente como superar esses bloqueios.

Anote algumas coisas que fazem com que você se desligue, feche-se ou construa uma parede para bloquear um sentimento ou uma pessoa. Por exemplo:

- Quando chefe/pai ou mãe/cônjuge está aborrecido
- Quando sinto ciúmes
- Quando analiso minhas finanças

Reserve alguns minutos para examinar cada item da lista e, em seguida, considere o que acha que está na fonte do problema – o motivo de você se sentir assim. Existe alguma experiência passada que é desencadeada? Um acordo antigo que precisa ser analisado? Uma emoção subjacente sem uma fonte definida? Sua mente pode dizer: "Mas é claro que me fecho quando meu chefe está com raiva; eu preciso me proteger"; ou: "É claro que me encolho quando tenho medo de não poder pagar minhas contas: isso é real". É evidente que a necessidade de se sentir seguro é real, mas a questão é: seu fechamento é útil no trabalho ou paga as contas? Medo e preocupação fingem que são seus amigos, mas na verdade só criam tensão, estresse e desconforto.

Para começar, concentre-se em apenas uma das reações que você escreveu e pratique um pouco de abertura em relação a essa questão todos os dias. Diga a si mesmo a verdade: "Meu chefe é irritado. Ponto". Em seguida, observe cuidadosamente os pensamentos e emoções que surgem à medida que você pratica a abertura em relação a essa declaração. Esses pensamentos lhe mostrarão a estrutura que mantém você fechado. Limpe o que não é seu fazendo os exercícios de recapitulação que abordamos no capítulo anterior. Depois de ter criado mais espaço, lembre-se de que você é o artista da sua vida; você pode se abrir para mais possibilidades e soluções criativas para as mesmas situações.

A beleza de se abrir para pensamentos ou emoções difíceis é que permitimos que mais recursos e inspirações fluam e libertamos as histórias que nos causam sofrimento.

Abertura para novas possibilidades

Contar histórias é uma ferramenta incrivelmente poderosa e, como qualquer ferramenta, pode ser usada para beneficiar ou para prejudicar. Ao mudar as histórias que contamos a nós mesmos, podemos começar a quebrar as narrativas estagnadas que entopem nossos corpos emocionais e criar espaço para o fresco e claro fluxo de possibilidades.

Toda vez que perceber que a mente do desastre está contando uma história que faz com que você se feche ou faz com que você sinta seu corpo emocional escorregando para um medo antigo, tente inventar pelo menos três histórias diferentes que o ajudem a se abrir. Quanto mais absurda for a história, melhor.

Aqui está um exemplo:

A empresa em que você trabalha enviou um *e-mail* na semana passada informando sobre o corte de mais funcionários, e você sentiu que se fechou imediatamente depois de ter lido isso. Perceba qual é a história do desastre e o que acontece em seu corpo emocional.

"Larry foi demitido no ano passado e ainda não encontrou um emprego. Se eu perder meu emprego, nunca mais vou encontrar outro…"

Agora mude conscientemente a sua história:

"Ser demitido pode ser a melhor coisa que já aconteceu comigo. Eu queria fazer algo novo, e essa pode ser a oportunidade perfeita. Ou posso não ser demitido porque, à medida que a empresa analisar o que precisa, descobrirá o quanto sou valioso. Talvez eu até receba um aumento e uma festa de recompensa por ser tão incrível."

E daí se essa nova história não for verdadeira? As emoções despertadas pela sua mente do desastre também não são baseadas na realidade. Inventar novas histórias muda as emoções em seu corpo e às vezes muda completamente a dinâmica do acontecimento. De qualquer forma, uma nova história desviará a sua resposta do padrão de reação mental/emocional do desastre, que é a coisa mais importante. Essa é uma excelente maneira de quebrar a rigidez do seu pensamento e das suas estruturas e criar mais espaço. Quanto mais humor você trouxer para esse processo, melhor.

Às vezes as histórias aparecem em retrospectiva. Escreva-as. Eventualmente, você será capaz de inventar histórias no instante em que as coisas ocorrerem. Continue mudando a história até sentir algum alívio e começar a se abrir para novas possibilidades, em vez de percorrer a mesma história e as mesmas emoções traumatizantes relacionadas a algum futuro imaginado.

Conexão com o elemento água

À medida que você pratica permanecer aberto e permite que antigas emoções venham à tona, pode ser útil colocar seu corpo físico na água. Mergulhar em um rio, lago ou banheira irá acalmá-lo e lembrá-lo da natureza da fluidez. Além disso, não se esqueça de que 70% do seu corpo é composto de água; e mergulhar na água é sempre como voltar para casa.

Uma maneira de se conectar ao elemento água é preparar conscientemente um banho para si mesmo. Ao contrário de um banho rápido ou de um banho com a intenção de ficar limpo, esse é um ritual em que você se conecta ao elemento água. Leve o tempo necessário. Você pode até mesmo usar sais de Epsom e óleos essenciais.

Enquanto mergulha no banho, imagine a água penetrando em você e dissolvendo sua antiga estrutura e quaisquer emoções presas. Deixe-se levar pela água e permita que ela solte seus músculos e alivie suas articulações. Aceite quaisquer emoções que surgirem, deixe-as fluir e depois convide a água para lavá-las. Quando estiver se sentindo completo, abra o ralo e visualize tudo que está indo embora.

Você pode até fazer uma miniversão dessa prática conectando-se conscientemente à água toda vez que lavar as mãos. Enquanto você se lava, lembre-se: "Eu aceito o poder e o fluxo da vida. Eu honro as experiências e emoções que vêm e vão com o ciclo da vida".

Guia interior

Vamos continuar criando novos caminhos na mente e no corpo com a visualização seguinte. Lembre-se: quando visualizamos algo em nossas mentes, nós o energizamos e o tornamos real. Apelamos às forças invisíveis para nos apoiarem e guiarem, da mesma forma que os xamãs usaram a visualização e a jornada espiritual para se conectarem com aliados sagrados.

Visualização da água para abertura

Essa visualização é uma maneira poderosa de trazer os ensinamentos do Sonho dos Anciãos para a sua própria vida. Você chamará um guardião para lembrá-lo das novas qualidades que está incorporando e guiá-lo em sua jornada em direção à Grande Liberdade. Seu terceiro guardião é do elemento água. Com a água, você aprende a arte da abertura – o uso correto do fluxo emocional.

Deixe seu corpo confortável e respire fundo a partir de seu ventre.

Imagine-se de pé no meio de um círculo de pedras. Esse círculo abrange e mantém cada parte sua em seu abraço. Cumprimente seus símbolos dos elementos ar e fogo. Dê uma volta à direita do fogo e peça por orientação e energia do elemento água para lhe dar disposição e fé para se render à realidade.

Em seguida, ofereça um convite a um guia de água para se juntar a você e apoiar a libertação de sua resistência e sua retração. Esteja aberto para as muitas maneiras como o guia pode aparecer. O seu guia da água pode ser um animal, uma pessoa que você conhece ou um estranho. Pode ser uma voz silenciosa em sua cabeça ou um conhecimento em seu corpo. Seu guardião da água pode não vir até você imediatamente, mas pode chegar mais tarde em um sonho ou no meio do seu dia. A água pode mostrar suas muitas formas para você. Reze para que a graça abra-se e expanda-se em tempos difíceis.

Quando se sentir completo, peça um símbolo para representar essa nova âncora em sua visualização e coloque-o na direção da água no seu círculo. Deixe que esse símbolo faça você recordar os benefícios de seguir o fluxo, de permitir que suas emoções passem por você em vez de controlá-lo. Em seguida, imagine o círculo dissolvendo-se.

Para o seu altar físico, escolha um objeto para representar a água e coloque-o em uma das direções do lado de fora do seu círculo. Pode ser uma pequena tigela ou um frasco de água, uma estátua de alguma criatura marinha ou qualquer objeto que lhe agrade. Estabeleça a sua intenção de usar todos os elementos e seus dons para guiá-lo pelos lugares onde você se fecha enquanto aprende a seguir o fluxo de suas emoções e abrir seu centro.

5
TERRA: A ARTE DA NUTRIÇÃO

ALIMENTANDO AS SUAS PROFUNDEZAS

> *Devemos aprender a não dissociar a flor da raiz da terra, porque a flor que é cortada de sua raiz murcha e suas sementes são estéreis, enquanto a raiz, segura na Mãe Terra, pode produzir flor após flor e trazer seus frutos até a maturidade.*
>
> • Cabala •

Existem sementes tanto de amor quanto de medo dentro de você, e aquelas que você nutrir vão crescer.

Nas tradições xamânicas ao redor do mundo, o elemento terra representa seu corpo físico e é um símbolo da necessidade que temos de nutrir nosso eu interno e nosso eu externo. O propósito de nutrir é tornamo-nos mais profundamente enraizados no amor-próprio e no autorrespeito, não apenas pelo nosso corpo físico mas também pelo nosso ser interior. Isso significa que procuramos maneiras de nutrir nossa mente, nossas emoções, nosso corpo e nosso espírito.

As antigas vozes da sua mente e as suas emoções de medo sussurraram durante muito tempo palavras que o esgotaram em vez de o nutrir, impedindo, assim, que você experimentasse a Grande Liberdade e a alegria duradoura: "Tenha muito medo. Proteja-se. Feche-se. Contenha-se. Tente controlar o mundo ao seu redor". Essas são as vozes e atitudes que o mantiveram na prisão durante todos esses anos. A voz da nutrição, em vez disso, oferece estas palavras: "Olhe mais profundamente. Confie em si mesmo. Você está seguro. Você é amado. Você é apoiado. O amor está dentro de você". A nutrição ajuda você a apoiar, fortalecer e expandir o trabalho que tem sido feito até agora.

A nutrição vem depois das dádivas anteriores do ar, do fogo e da água por uma razão. Com a clara percepção do ar, você aprende a ver suas verdadeiras necessidades. O fogo ensina a limpar os lugares negligenciados e cria espaço para novos acordos. A abertura da água aumenta o fluxo das suas emoções e ensina você a se alinhar com o mundo ao seu redor. Na verdade, todos os outros guardiões elementais apresentados neste livro ajudaram você a progredir no caminho da nutrição. A escolha de mudar a sua percepção é um ato de nutrição. Limpar uma reação baseada no medo é um ato de nutrição. Abrir-se um pouco mais é um ato de nutrição. Neste capítulo, aprofundaremos as maneiras como você pode nutrir e fortalecer ainda mais o espaço que criou.

Nutrição autêntica

Nutrir inclui a vontade de descobrir o que alimenta a sua autenticidade. Você aprende a nutrir suas raízes usando sua vida exterior e interior para guiá-lo. O resultado dessa atenção a viver a partir de um lugar de autenticidade é que você se torna enraizado no amor e na aceitação – por si mesmo, pelos outros e pelo mundo. Nesse solo sagrado, você pode verdadeiramente expandir suas raízes e crescer. A autenticidade é como um fertilizante, e trazê-la para a sua vida é o que ajuda a Grande Liberdade a florescer.

Imagine-se como uma planta. Comece honrando as raízes, que, para os humanos, são suas necessidades corporais simples: sono reparador, alimentação saudável, exercícios e toque amoroso. Certifique-se de começar por esse caminho. Preste atenção a quantas horas de sono seu corpo precisa. Observe como diferentes alimentos mudam o humor e a sensação de bem-estar físico. Repare em como seu corpo e sua mente respondem quando você tira um tempo para se exercitar ou para estar fisicamente ativo de alguma forma. Interesse-se pelo modo como seu corpo se sente em relação aos outros e como ele reage ao toque amoroso.

A maneira como você cuida do seu corpo nesses aspectos afeta suas emoções, sua energia e sua percepção. Ao analisar essas áreas, você pode notar muitas coisas que deseja mudar em relação aos seus hábitos básicos. No entanto, não tente fazer muitos ajustes de uma só vez – essa é uma receita para ficar sobrecarregado e esgotado. Escolha uma ou duas questões para focar, crie a mudança e passe para a próxima só depois de algumas semanas. A nutrição é um processo gradual, momento a momento. Além disso, assim como a limpeza, a nutrição nunca será concluída em apenas uma sessão.

Às vezes o que parece autenticamente nutritivo em um primeiro momento é tóxico a longo prazo, e o que parece desconfortável ou até assustador a curto prazo é, na verdade, profundamente nutritivo a longo prazo. Como saber a diferença?

A chave está em discernir a nutrição de longo prazo do desejo de curto prazo, e uma maneira simples de ver essa dinâmica é por meio do corpo físico e da comida. Muitos alimentos são ótimos a curto prazo, mas a longo prazo podem ser muito destrutivos. É possível desejar coisas como açúcar e cafeína, mesmo que essas coisas estejam prejudicando você. Somente quando vai além de sua natureza viciante é que você sente o que seu corpo realmente quer: comida saudável e nutritiva.

O mesmo aplica-se para ações e pensamentos tóxicos. Mentir para conseguir o que queremos, tentar controlar ou manipular os outros ou fazer intriga para nos sentirmos sutilmente superiores a outra pessoa são comportamentos que parecem nos fazer sentir bem a curto prazo, mas não nos nutrem a longo prazo.

A fim de descobrir a nutrição autêntica, a consciência é fundamental. Muitas vezes, nossos comportamentos de curto prazo são uma solução rápida para um problema que requer uma solução muito mais profunda (e talvez até difícil ou dolorosa). Se estamos nos sentindo indignos, uma rápida provocação verbal para um colega pode nos fazer nos sentirmos poderosos por um momento. Se estivermos sozinhos, podemos encontrar um falso sentido de comunidade por meio de ataques *on-line* a um grupo ou uma ideologia. Desejos e comportamentos tóxicos satisfazem a solução imediata, mas o problema subjacente realmente precisa de uma nutrição de longo prazo.

A consciência ajudará você a determinar se algo é um desejo ou um ato de verdadeira nutrição. Ao observar o resultado de um determinado comportamento, juntamente com o termômetro de suas sensações mentais e corporais, você pode saber se suas ações estão o levando a um bem-estar sustentável e de longo prazo.

Por exemplo, quando você ingere qualquer tipo de "alimento" – seja físico, seja emocional, seja mental – pode aprender a se perguntar: "Qual parte de mim isso está nutrindo? Esse alimento está cultivando medo ou amor? Isso é tóxico ou nutritivo?" O simples fato de testemunhar mostra o que você está nutrindo e cria a oportunidade de mudar. Lembre-se de que você pode precisar testemunhar os efeitos tóxicos de um comportamento durante algum tempo antes de ter energia para mudá-lo. Você provavelmente carrega muitos acordos antigos sobre aparência, incluindo muitos julgamentos de valor de sua família e da sociedade em geral. Seja paciente e permita-se o espaço sem julgamento para verificar qual é a sua própria verdade nessas áreas, e não a verdade de qualquer outra pessoa, pois esse autoconhecimento é o que o ajudará a fazer mudanças autênticas e duradouras.

Esteja aberto a escutar os seus impulsos. Eles o levam para a aceitação e a alegria ou para o medo e a retração? Ao analisar, você aprenderá a distinguir os impulsos da nutrição de longo prazo dos desejos de curto prazo. Além disso, algo que o alimentou no passado por ser tóxico em algum momento, e algo que parece tóxico pode ser vitalmente nutritivo. Esteja disposto a investigar, fazer perguntas, observar e esperar. A seguir estão duas histórias sobre como quebrar padrões habituais e aprender novas maneiras de nutrir seu corpo.

Minha amiga Sally lutou a maior parte de sua vida adulta contra o vício em álcool. Quando se sentia sozinha ou com medo, ficava acordada a noite toda bebendo vodca. Quase ninguém sabia sobre suas lutas com o álcool. Sempre que se comprometia a parar de beber, logo começava outro episódio de consumo imoderado. Um dia ela compartilhou comigo sua vergonha e sua luta contra o álcool e disse como esconder seu vício estava causando dificuldades em seu novo relacionamento.

Eu podia ver que Sally estava pronta para mudar, mas ela não conseguia interromper o ciclo da bebida para controlar seus sentimentos. Manter isso em segredo apenas aumentou a tensão – e o consumo de bebida alcoólica. Ela se arriscou a se abrir comigo e compartilhar seus medos e lutas, e lágrimas de alívio transbordaram quando ela se deixou ser ouvida e vista com abertura e amor.

Juntas, Sally e eu analisamos como ela era nutrida pelo álcool. Pode parecer uma maneira estranha de colocar a situação, mas, sempre que temos um vício – em uma droga, uma comida ou um pensamento julgador –, nomear em voz alta os dons de nossos antigos comportamentos e agradecer ao vício pela maneira como ele nos nutriu pode ajudar a interromper a rotina do vício. Depois podemos olhar para novas e positivas maneiras de nos nutrir. Nesse caso, Sally estava recebendo o dom de entorpecer emoções avassaladoras de medo e indignidade que muitas vezes interferiam em sua capacidade de interagir com os outros.

Em seguida, Sally e eu conversamos sobre como ela poderia se nutrir quando se sentisse sozinha, assustada ou indigna. Ela percebeu que esconder o problema estava apenas piorando a questão, e era tempo de iniciar um projeto de nutrição de longo prazo, tomando novas ações. Minha amiga começou a compartilhar seu vício com aqueles que lhe eram mais próximos e a criar um círculo de pessoas em quem podia confiar para ajudá-la a aprender a se nutrir de uma nova maneira.

Sally comprometeu-se a fazer algo nutritivo para si mesma antes de dormir (ler poesia, tomar um banho, respirar a partir de seu ventre) e a ligar para alguém de sua lista de aliados caso começasse a desejar álcool, para que eles pudessem apoiá-la na presença dos seus medos e na sua abertura a eles, em vez de se abandonar à sua muleta. Com o passar do tempo, Sally aprendeu a se manter de uma maneira nutritiva, e a necessidade de álcool como fonte de nutrição dissolveu-se.

Aprendi algo semelhante por meio da minha relação com o açúcar. Eu trabalhava no turno da noite em um jornal e consumia grande quantidade de açúcar e cafeína para me manter ativa. Eu era jovem e entusiasmada e poderia passar vários dias com poucas horas de sono. Estava fisicamente saudável, raramente ficava doente e sentia-me animada com minha vida.

Um dia, ocorreu uma drástica mudança. Depois de anos bebendo muita Coca-Cola, comecei a me sentir letárgica e doente. Logo notei uma nítida relação entre meu nível de consumo de açúcar e o fato de não me sentir bem. Quando realmente prestei atenção ao meu corpo, percebi que tinha de parar de comer açúcar. Lutei contra essa percepção durante algum tempo. Como isso poderia ser possível? Eu sempre tinha comido açúcar e estava bem. Mas, apesar de negar, percebi que, se eu comesse uma fatia de torta ou tomasse um gole de qualquer bebida açucarada, meu corpo dizia-me que estava descontente com minhas escolhas.

Esse é um exemplo de como algo que antes parecia muito nutritivo para mim com o tempo tornou-se tóxico. Durante muito tempo, eu ainda ansiava por açúcar; parecia uma ótima solução rápida! No entanto, a partir do momento em que me concentrei na nutrição autêntica e duradoura, meu corpo curou-se e acabou por deixar de ansiar por açúcar.

O elemento terra é um lembrete para nós rastrearmos e aprendermos o que é nutritivo e o que não é. Você também pode encontrar padrões e comportamentos que antes eram nutritivos mas que agora o enfraquecem. E o que funciona para você pode não funcionar para outra pessoa – somos todos diferentes quando se trata de nutrição e autocuidado. Mantenha sua visão de longo prazo concentrada em sua intenção maior ao fazer novas escolhas no momento presente.

Às vezes, nutrir a si mesmo é fazer exatamente o oposto de seus comportamentos normais ou habituais. Tais atos não serão completamente confortáveis e podem até mesmo parecer bastante assustadores, mas são uma nutrição a longo prazo. Por exemplo, se você for uma pessoa perfeccionista, um ato nutritivo pode ser permitir-se cometer erros e celebrá-los. Se você não gosta de fazer escolhas por causa da responsabilidade que isso implica, um ato nutritivo pode ser tomar uma decisão e seguir em frente mesmo quando se sente hesitante em fazê-lo. Se você costuma escolher a companhia de outras pessoas porque não gosta de ficar sozinho, sair para almoçar sozinho pode ser nutritivo. Lembre-se de que qualquer ação pode nos preencher ou nos esgotar – o mais importante é a razão por que estamos fazendo isso.

Nutrir as feridas da infância

Nossos corpos armazenam todas as nossas experiências passadas, tanto em nossas células quanto em nossas mentes, e isso inclui todos os antigos acordos que fizemos quando crianças. Uma das principais razões pelas quais perdemos a arte de nos nutrir é o desejo de nos escondermos das antigas dores, especialmente das dores da infância. Muitos dos acordos que temos como adultos – os medos, as inseguranças, os autojulgamentos – frequentemente vêm de nossas experiências quando crianças. O ar revela esses antigos padrões e reações, a água libera a imensa energia emocional que eles carregam, o fogo limpa a dor do passado, e a terra cura esses lugares de dor.

Uma maneira de curar essas mágoas do passado dentro de você é ouvir e nutrir sua criança interior. A sua parte adulta pode pensar: "Isso é ridículo!" ou "Eu não me lembro nem da metade da minha infância!" Se você tem essa reação, eu o encorajo a olhar a questão mais profundamente. Essas experiências da infância são memórias corporais, não meras construções mentais. Às vezes esses acordos foram feitos antes que você pudesse falar, e o fato de não serem memórias conscientes não significa que não possam afetá-lo no presente.

Por exemplo, se algo ocorre no presente que desencadeia uma forte reação emocional – digamos que de repente você fica sobrecarregado por sentimentos de tristeza, ansiedade e medo – e você não consegue identificar a fonte de sua reação, é provável que a situação tenha tocado em uma experiência esquecida de sua infância. Embora você possa não se lembrar conscientemente do acontecimento que é a fonte de sua reação, é evidente que sua criança interior ainda está se recuperando do trauma passado.

Nesses momentos, convido você a ir para dentro de si mesmo e ouvir-se profundamente. Traga a intenção de amor incondicional à sua escuta enquanto faz isso. Em sua mente, veja-se como uma criança e fale palavras nutritivas de encorajamento: "Está tudo bem agora. Estou aqui com você. O que você quer me dizer?" Quando você ouve com o coração bem aberto, pode assumir o papel de um pai nutridor para si mesmo. Você pode ou não se lembrar de uma experiência específica enquanto ouve, mas sempre pode nomear os sentimentos que surgem. Por exemplo: "Posso ver que você está sentindo muito medo" ou "Sinto que você está sozinho". Então você pode perguntar para a sua criança: "Do que você precisa?" Ouvir com amor incondicional nutre o crescimento da criança dentro de você, libertando-a de experiências traumáticas do passado, por vezes até mesmo esquecidas.

Nutrir significa honrar todas as partes do eu, e isso inclui a criança interior. Você pode ser um empresário bem-sucedido e respeitado e *mesmo assim* precisar curar aquela criança desesperada de três anos. Você pode estar em uma jornada espiritual e *mesmo assim* ter uma criança de dois anos que precisa ser acalmada em seu interior. Um não nega ou exclui o outro.

Aprendi a ouvir e a desacelerar quando a criança dentro de mim começa a falar. Isso não significa que tudo na minha vida está parado, mas sim que eu me abro mais. Eu me amplio. Eu me expando para que eu possa ser pai dessa criança, para que eu possa amá-la em momentos de medo e dúvida.

Às vezes me imagino abraçando-a, enviando-lhe amor, e posso até mesmo envolver meus braços em volta dos meus próprios ombros e balançar suavemente por um momento.

Limites como nutrição

Quando crianças, normalmente não temos o benefício de poder estabelecer limites. Muitas vezes não podemos escolher quem entra em nossas vidas nem as atitudes que essas pessoas terão. Um dos benefícios da vida adulta é ter o poder de dizer sim ou não para outras pessoas. Nutrir-nos também inclui estabelecer limites claros, que nos permitem proteger nossos corpos físico, mental e emocional de influências externas que vão contra nossa verdade autêntica.

Podemos por vezes pensar em limites como restrições baseadas no medo ou em maneiras de nos fecharmos para os outros e até para nós mesmos, negando-nos a Grande Liberdade que buscamos. Mas, na minha opinião, limites estabelecidos por causa do amor e da preocupação com o próprio crescimento e a própria integridade são, na verdade, o que torna possível a Grande Liberdade. O fato é que sua liberdade cresce quando você estabelece limites apropriados. Aprender a dizer não aos outros com o coração aberto e o abdômen solto é uma arte. Parte da nutrição autêntica é aprender a falar a sua verdade, mesmo quando aqueles que estão ouvindo não gostam ou não concordam com o que você tem a dizer.

Vejamos um simples exemplo. Imagine que você precisa estabelecer um limite com uma colega de trabalho que constantemente o interrompe, dificultando a realização de sua tarefa. Durante semanas você deu a ela pistas sutis de que não queria ser interrompido. Você a ignorou e continuou a trabalhar ou convidou-a para conversar com você depois do expediente, e a única coisa que resta é dizer diretamente a ela para não interrompê-lo.

Há muitas maneiras diferentes de estabelecer esse limite. Vejamos primeiro algumas opções que não são benéficas. Você poderia adiar o estabelecimento do limite por um longo tempo e depois explodir com ela. Você poderia bater a porta da sua sala sempre que ela viesse. Poderia pedir a outra pessoa para dizer a ela para parar de interrompê-lo. Poderia dizer a ela que o chefe está ficando incomodado por você não terminar seu trabalho a tempo.

Observe como é a sensação de estabelecer limites em seu corpo. Como você se sente quando não diz do que precisa aos outros e, em vez disso, espera que eles descubram sozinhos? Como você se sente quando julga e fica com raiva dos outros e simplesmente os exclui da sua vida? Como você se sente quando culpa outra pessoa porque precisa que as coisas sejam diferentes? Esses métodos podem dar uma solução de curto prazo para impedir que sua colega de trabalho fale com você, mas eles não o nutrem, porque não o ensinam a falar a sua verdade.

Agora vamos imaginar como seria estabelecer um limite nutritivo com essa colega de trabalho. Você poderia dizer algo como: "Não tenho certeza se você nota isso, mas você costuma me interromper muito enquanto estou trabalhando. Percebo que você se anima bastante quando compartilha suas histórias comigo, mas podemos conversar durante o almoço ou no fim do dia, se não for um tópico relacionado ao trabalho?" Pratique dizendo isso em voz alta para uma colega de trabalho imaginária. Você pode até mesmo encenar a discussão com uma amiga solícita. Mantenha-se conectado a ela olhando em seus olhos e respire diante de qualquer desconforto ou medo.

Existe alguma situação em sua vida em que estabelecer algum limite seria útil? Escreva o que quer dizer e pratique dizê-lo em voz alta, analisando como se manter conectado à pessoa por meio do contato visual e conectado a si mesmo por meio de sua respiração e sua presença.

Às vezes podemos ter medo de estabelecer limites por receio de magoar ou incomodar os outros. Embora evitar isso possa parecer mais fácil em um primeiro momento, a consequência de longo prazo é enviarmos a nós mesmos a mensagem: "Suas necessidades não são importantes". É o oposto da autonutrição.

Quando você começar a estabelecer limites apropriados, preste atenção ao que surge. Culpa, medo de rejeição, vergonha ou insegurança podem aparecer. Não ignore nem alimente essas emoções; em vez disso, nutra a força do seu ser que está subjacente a elas. Saiba que tais emoções estão passando; são de uma época antiga. O seu objetivo é afastar-se de antigos comportamentos inúteis e construir seu centro autêntico.

Nutrição por meio de erros

Uma das maiores possibilidades para você se nutrir é quando comete um erro ou algo não sai do seu jeito. É surpreendente a rapidez com que o juiz dentro de nós pode intervir e nos fazer voltar aos antigos padrões de autorrepreensão. Nesses casos, lembrar de ser compassivo e paciente e até mesmo aprender a rir de si mesmo são as chaves para uma boa nutrição.

Eis uma ótima história sobre uma amiga minha que escolheu se nutrir apesar de uma situação constrangedora. Um dia, Maria encheu seu caminhão a diesel com gasolina sem chumbo, o que poderia ter causado grandes danos ao sistema de combustível. "Normalmente eu teria me julgado terrivelmente", ela compartilhou comigo. "Eu estava com pressa, e foi por isso que aconteceu. Depois eu perderia um compromisso importante, e minha antiga tendência seria a de entrar na mente do desastre, pensando em como isso iria realmente me prejudicar. Em vez disso, mantive a calma, chamei um amigo para me ajudar e esperei. Minha mente permaneceu clara, e passei o tempo me alongando e respirando, ajudando-me a ficar mais presente. Foi emocionante ver a minha nova reação. Em vez de me punir por um simples erro, eu fui boa comigo mesma."

O outro aspecto sobre os erros é que eles podem muitas vezes ser um indicador de crescimento – o que os torna uma espécie de nutrição em si mesmos. Quando você se compromete a construir hábitos desconhecidos, explorar novos territórios e sair da sua zona de conforto (no trabalho, na sua casa ou na sua comunidade), *vai cometer erros*. Na verdade, cometer erros e aprender com eles constitui uma das melhores maneiras de saber que você está no caminho certo.

Assim como a água e os nutrientes penetram nas raízes e ativam o crescimento das sementes, nossa intenção de nos nutrir, mesmo quando cometemos erros, penetra em nosso ser. Nossas mentes podem nos dizer que "Nada está crescendo, nada está mudando, é um caso perdido", mas nossos corpos estão absorvendo os novos nutrientes. Eventualmente as sementes do amor irão se manifestar em nossas vidas. Cada pequeno ato de compaixão, perdão e alegria, mesmo que não o sintamos no momento, penetra no âmbito de nossa estrutura e ativa nossa base.

Práticas

Convido você a mergulhar nas práticas seguintes, as quais foram projetadas para nutrir sua mente, seu corpo e seu espírito e conectá-lo à orientação da terra. Você também encontrará uma meditação guiada que trará o último dos quatro elementos de forma corporificada para ajudá-lo como guia, da mesma forma que chegou para mim no Sonho dos Anciãos.

Aterramento

É muito nutritivo conectar seu corpo físico à terra por meio de um processo físico chamado aterramento. O aterramento traz assentamento e fornece energia. Ajuda-o a libertar energia nervosa ou presa e permite que você sinta a força e a facilidade que vêm com o fato de ser apoiado incondicionalmente.

Para fazer o aterramento, sente-se confortavelmente com os pés apoiados no chão ou com as pernas cruzadas. Respire trazendo a consciência para a base da coluna. Deixe seu ventre ficar relaxado. Imagine-se como uma árvore, com raízes que penetram profundamente na terra e galhos que se estendem até o céu. Deixe sua coluna formar raízes que se espalham pelo solo. Seus galhos estendem-se da coroa de sua cabeça para o ar. Sinta como o seu corpo físico, o tronco da sua árvore, repousa perfeitamente entre as raízes e os galhos.

Imagine que você pode respirar energia e vitalidade por meio de suas raízes até o seu centro. Respire essa energia por todo o seu corpo e envie-a por meio de seus galhos para o céu. Agora imagine respirar a abertura e a vastidão do espaço em seus galhos. Respire essa energia por meio do seu corpo e desça até a terra.

A cada respiração, permita-se ser sustentado e apoiado pela terra e pelo céu. Sinta a quantidade ilimitada de energia disponível para você, que percorre seu tronco para cima e para baixo. Permita que essa energia sature cada célula do seu corpo e crie uma sensação de plenitude e conexão. Deixe sua mente ficar quieta e seu corpo relaxar.

Quando terminar, respire profundamente três vezes em seu coração e liberte suavemente sua imagem de raízes e galhos.

Como parte da sua prática de aterramento, reserve também um pouco de tempo todos os dias para ouvir o seu corpo. Faça uma caminhada na natureza, faça ioga ou simplesmente se sente em silêncio e sintonize-se com si mesmo. Diga ao seu corpo que você está disposto a ouvir e prestar atenção ao que ele tem a dizer. Convide o seu corpo a falar e compartilhar seus medos e sua sabedoria.

Assim como sua criança interior, se você ignorar seu corpo, ele continuará amplificando suas mensagens até que você as ouça – e, eventualmente, poderá parar de falar com você definitivamente. Quando você começa a desacelerar e ouvir seu corpo, ele pode se recusar a falar ou apenas gritar com você por não ter prestado atenção a ele antes. Isso pode assumir a forma de dores, sofrimentos ou nervosismo que não podem ser explicados. Seja paciente consigo mesmo. Seu corpo carrega um enorme conhecimento. Deixe-o saber que você está disposto a gastar tempo nutrindo as necessidades mais profundas dele. Quando receber uma mensagem, uma imagem ou um sentimento de seu corpo, honre-o enquanto investiga o núcleo de sua verdade. Pode levar tempo para restabelecer uma relação com o seu corpo. E está tudo bem.

Ferramentas para nutrição

Ao preparar uma refeição, um cozinheiro pode olhar para os ingredientes em sua despensa e tomar decisões com base em seus recursos. Da mesma forma, é útil ter uma despensa abastecida ou um *kit* de ingredientes com muitas ações de autocuidado que você pode usar para criar uma variedade de receitas para uma autonutrição autêntica.

Em cartões separados, escreva dez coisas nutritivas que você poderia fazer por si mesmo. Você também pode desenhá-las ou fazer pequenas colagens com fotografias e imagens de revistas. Aqui estão alguns exemplos:

- Brincar com meu cachorro.
- Abraçar uma pessoa querida.
- Praticar ioga.
- Fazer uma longa caminhada.
- Ler um livro espiritual.
- Ficar em silêncio.
- Realizar um ritual.
- Tomar um banho quente.
- Cuidar do jardim ou das plantas da casa.
- Dançar.

Comece escolhendo um de seus cartões a cada dia e fazendo a ação sugerida. Preste atenção a como a ação nutre-o e ao que você sente.

Quando tiver completado todos os dez cartões, comece a usá-los para explorar a abertura para mais nutrição. Pense em algo que faz com que você se feche – uma lembrança do seu antigo parceiro, um medo de algo no futuro ou uma situação em casa. Escolha um dos cartões e concentre-se nele. Então imagine os dois sentimentos juntos. Por exemplo, tome um banho quente enquanto pensa no seu antigo parceiro. Relaxe nas práticas e nos sentimentos que fazem com que você se abra e crie um pouco mais de abertura em seu corpo para as situações e os sentimentos que fazem com que você se feche. E se você ficasse aberto a uma situação estressante e *ao mesmo tempo* ficasse nutrido? Qual seria o resultado?

Comece com pequenas ocorrências e avance para acontecimentos maiores.

Quando estiver em crise e quiser se nutrir, escolha um de seus cartões. Coloque o cartão em ação, seja praticando o que está escrito, seja meditando sobre como se sente quando faz isso. Deixe essa sensação penetrar em seu corpo. Se você puxar um cartão e pensar "Ah, não, esse não", vá em frente! O momento em que você tem mais resistência ao uso de um cartão é o melhor momento para agir. Continue se convidando para a abertura e para ser nutrido, mesmo que a abertura seja apenas uma pequena rachadura no início.

Jejum da mídia

O que assistimos, lemos e ouvimos são exemplos de maneiras pelas quais podemos nutrir nossas mentes. Em muitos casos, a mídia contemporânea nutre-

-nos com ideias de medo e escassez, em vez de ideias de amor e aceitação. O que vemos e ouvimos reflete como nossa cultura reforça o olhar para fora de nós mesmos em busca de um sentido de valor interno. Quando foi a última vez que você viu um anúncio que dizia algo deste tipo: "Você é perfeito exatamente como é. Gostaria de comprar nosso xampu?"? A maior parte da publicidade é baseada na premissa da falta: "Se você beber a nossa cerveja, terá o carisma que sempre desejou" ou "Esse carro dará a você o prestígio e o reconhecimento que procura". Com frequência, a mensagem é: "Você não é suficiente do jeito que é, mas, se comprar essa bugiganga, tudo ficará bem".

A mídia também fornece um regime constante de preocupação para nossas mentes, que já estão programadas com uma tendência à negatividade. Com os jornais e os noticiários de televisão, somos expostos a guerra, assassinato, pobreza e instabilidade. A verdade é que milhões de coisas diferentes estão acontecendo simultaneamente ao redor do mundo. Você consegue imaginar um importante jornal com uma manchete no topo dizendo isto: "Mulher atinge a iluminação. História completa na página 2"? Imagine como o mundo poderia ser diferente se déssemos tanta ênfase ao desenvolvimento espiritual e a acontecimentos alegres na mídia quanto atualmente damos aos acontecimentos baseados no medo.

Por um dia ou por uma semana, faça um jejum da mídia. Você pode optar por evitar assistir televisão por um dia, sintonizar em notícias ou ler revistas ou jornais. Ou, em vez disso, acesse *sites*, como o goodnewsnetwork.org, em inglês, ou razoesparaacreditar.com, em português, que celebram acontecimentos contemporâneos positivos. Observe como se sente após o jejum.

Conexão com o elemento terra

O ato de nutrir uma planta é uma excelente maneira de se conectar ao elemento terra em sua vida cotidiana. Para mergulhar no ciclo de crescimento, cultive uma planta desde que é uma muda até que ela esteja totalmente crescida.

A melhor época para o plantio de sementes é na primavera ou no início do verão, embora funcione em qualquer época do ano com luz e calor suficientes. Se você viaja com muita frequência, pode optar por uma planta que não precise de muita água como forma de conexão com a terra.

Para começar, pegue um copo ou um vaso de plantas e compre algumas sementes (tomates ou girassóis funcionam bem). Você também pode comprar um pequeno *kit* inicial de ferramentas de plantio, disponível em muitas lojas de jardinagem.

Ao plantar as sementes, estabeleça uma intenção para aquilo que deseja nutrir em sua própria vida. Por exemplo: "Com essa semente, estabeleço a minha intenção de nutrir o meu desejo de desfrutar de mais amizade em minha vida".

Agora plante as suas sementes ou replante uma muda. Ponha as mãos na terra! Você pode querer escrever sua intenção e colocá-la no recipiente. Cada vez que regar a planta, toque na terra e peça uma bênção para o seu próprio solo. Dar à sua planta o cuidado consistente de que ela precisa irá lembrá-lo de que seu eu físico precisa da mesma atenção e do mesmo amor.

À medida que a planta crescer, pode ser necessário replantá-la ou encontrar um bom lugar para colocá-la no lado de fora. Sinta-se sempre à vontade para recomeçar caso algo aconteça com sua planta. Faça disso uma prática até que você conheça intimamente o poder nutritivo da terra.

Guia interior

Vamos continuar criando novos caminhos na mente e no corpo com a visualização seguinte. Lembre-se: quando visualizamos algo em nossas mentes, nós o energizamos e o tornamos real. Apelamos às forças invisíveis para nos apoiarem e guiarem, da mesma forma que os xamãs usaram a visualização e a jornada espiritual para se conectarem com aliados sagrados.

Visualização da terra para nutrição

Essa visualização é uma maneira poderosa de trazer os ensinamentos do Sonho dos Anciãos para a sua própria vida. Você chamará um guardião para lembrá-lo das qualidades que está incorporando e guiá-lo até o fim em sua jornada em direção à Grande Liberdade. Seu quarto guardião é do elemento terra. Com a terra, você aprende a arte da nutrição – o uso correto do seu corpo físico.

Deixe seu corpo confortável e respire fundo a partir de seu ventre.

Imagine-se de pé no meio de um círculo de pedras. Esse círculo abrange e mantém cada parte sua em seu abraço. Cumprimente seus símbolos dos elementos ar, fogo e água. Vire-se para o último quarto do seu círculo e peça orientação e energia do elemento terra para lhe dar a graça e a intenção de nutrir seu eu mais profundo.

Em seguida, convide um guia terrestre para acompanhá-lo e apoiá-lo na sua vida a partir de sua base central. Esteja aberto à forma como esse guia pode aparecer. O seu guia terrestre pode ser um animal, uma pessoa que você conhece ou um estranho. Pode ser uma voz silenciosa em sua cabeça ou um conhecimento em seu corpo. Seu guardião da terra pode vir até você imediatamente, mais tarde em um sonho ou no meio do seu dia. Reze pelo poder de nutrir seu ser e criar limites sagrados.

Quando se sentir completo, peça um símbolo para representar essa nova âncora e, em sua imaginação, coloque-o na direção final do seu círculo. Deixe esse símbolo lembrá-lo dos benefícios da nutrição. Em seguida, imagine o círculo dissolvendo-se.

Para o seu altar, escolha um objeto para representar a terra e coloque-o na direção final do lado de fora do seu círculo físico. Você pode representar a terra com uma pedra, uma estátua de uma pessoa, uma folha ou qualquer outro objeto que lhe agrade. Estabeleça sua intenção de usar todos os elementos e seus dons para guiá-lo no caminho de se tornar profundamente íntimo de si mesmo e manifestar a Grande Liberdade a partir da força do seu centro.

CONCLUSÃO

Seja humilde porque você é feito de pó. Seja nobre porque você é feito de estrelas.

• Antigo provérbio sérvio •

Veja. Limpe. Abra. Nutra. Pouco a pouco, um passo de cada vez, passe de sua antiga cela confinante para a liberdade do céu aberto.

Quando você trabalha conscientemente com os elementos ar, fogo, água e terra, cada uma das dádivas deles é uma ferramenta para recuperar e percorrer o caminho em direção à Grande Liberdade. Agora, pela segunda vez, você está construindo uma estrutura, mas essa estrutura é um templo construído com consciência e alegria.

Você já tem tudo de que precisa dentro de si para criar uma vida livre e sagrada, cheia de possibilidades. Os antigos ensinamentos dos elementos são guias que estão devolvendo-o ao seu verdadeiro lar. Pode levar tempo e exigir grande paciência e muita compaixão, mas *vai* acontecer. O caminho de transformação que você iniciou o levará da escravidão interior para a liberdade total.

Imagine uma vasta pradaria cercada por montanhas. No meio do campo, há uma pequena estrutura de um quarto. Olhando de fora para dentro, você pode se ver sentado em uma cadeira dentro desse quarto, sozinho.

De dentro do quarto, olhando para fora, você sabe que o mundo maior está lá, porque conseguiu vislumbrar a beleza externa quando pôde ver a imensidão ao seu redor. Nesses momentos, você se sente conectado com a vida e fica impressionado com a visão de eternidade que envolve a sua pequena casa.

Agora você percebe que a porta está bem aberta e que é tempo de sair e viver regularmente nesse admirável mundo novo. A natureza lá de fora chama-o: "Você é enorme. Você é eterno. Você é magnífico. Você tem dons para compartilhar. Saia do seu quarto e proclame a sua vida". Mas os seus ouvidos lembram-se da mensagem das paredes do seu pequeno quarto, que sussurram: "É assustador lá fora. Fique aqui. Fique seguro. Você não merece ser maior. Você já é muito grande".

Os quatro elementos podem guiá-lo à medida que você intenciona viver de maneira tão grande quanto o céu. Quando você vive a partir desse lugar, torna-se aquilo que sempre foi destinado a se tornar: um templo consciente, um reflexo direto do espírito, desenfreado e livre. Isso é o que os toltecas chamam de *Nagual – a energia pura da força vital que você é.*

De acordo com a perspectiva tolteca, o Nagual é tudo o que realmente existe. Seu corpo e sua mente são, em última análise, apenas estruturas que o impedem de experimentar essa energia pura. Em certo sentido, são reais e tangíveis, mas em um nível mais profundo também são ilusões. É por isso que os toltecas dizem que a vida que você está vivendo é, na verdade, apenas um sonho. As suas realidades são tão reais quanto você as faz.

Como você continua a ter um corpo e uma mente, haverá momentos em que suas antigas emoções, seus velhos medos e a mente do desastre surgirão, mas agora você pode testemunhá-los com amor e talvez até mesmo com um sorriso. Pode ver todas as manifestações de medo e dúvida como recursos poderosos, como sementes de inverdades que simplesmente estão presas e à espera de serem libertadas.

Você é um ser vasto, livre e mágico. Você e todos os seres humanos são igualmente preciosos. Cada um de nós tem a capacidade de dançar no desconhecido e ir além das estruturas confinantes que construímos para nós mesmos. À medida que você vive com mais regularidade no céu aberto da Grande Liberdade, seu coração e sua alma expandem-se para manter mais energia e presença amorosa. Você passa das limitações para as possibilidades.

O seu caminho vai e volta entre as suas estruturas antigas e novas e o infinito. Provavelmente haverá dias em que você esquecerá a beleza de quem é e ficará refugiado em seu quarto apertado. Nesses momentos pode parecer que nada mudou, como se todo o trabalho que você fez tivesse sido em vão, como se você fosse um fracasso. Mas nada disso é verdade. A liberdade está sempre esperando você do lado de fora, e os quatro elementos nunca julgam; estão sempre dispostos a apoiá-lo quando você os chama. Se, de forma inesperada, você perceber que está de volta à sua antiga estrutura, ou se você descobrir que está lentamente recaindo, sem apoio, em um antigo padrão, poderá manter os olhos abertos? Se puder, aprenderá e poderá se recuperar logo. Se cair no esquecimento total, perdoe-se quando acordar novamente e reveja o que aprendeu.

O que descobri é que, quanto mais invisto minha energia nesse novo modo de vida, mais rápidas as transições entre o velho e o novo tornam-se. Isso pode parecer um pouco estranho no começo. Por exemplo, depois de um tempo sentindo-se centrado e equilibrado, você de repente pode ser provocado por alguém que está chateado com você ou temer ser abandonado novamente. No entanto, tão rápido quanto esses sentimentos limitantes vêm, eles também podem ir. E você pode voltar para a liberdade mais uma vez. Com a ajuda dos seus quatro elementos, você pode ver claramente, criar espaço, permitir que emoções e pensamentos negativos fluam por meio de você e nutrir sua mente, seu corpo e seu espírito. Pratique esses passos e, prometo, uma parte sua irá se perguntar como é que você é capaz de se recuperar tão rapidamente.

Hoje em dia, de vez em quando eu me pego pensando na minha antiga vida, lembrando-me dela como se fosse um sonho e estando contente por aquela vida não ser mais o meu lar. Todos nós temos o potencial de tornar nossas vidas o que quisermos que elas sejam. Nós somos os arquitetos e os construtores dela. É o nosso maior trabalho, e eu sou eternamente grata por ter seguido esse caminho para recuperar o meu centro e viver na Grande Liberdade.

Essa é a minha esperança e o meu desejo para você.

AGRADECIMENTOS

A minha gratidão vai para as muitas pessoas que me apoiaram ao longo dos anos.

Primeiro, agradeço aos meus pais, Jerry e Maggie Gaudet, e à minha irmã, Christy, que me garantiram uma infância de aventura e viagens. Amo vocês.

Muitas bênçãos para os meus professores e guias ao longo dos anos: Vicki Noble, Cerridwen Fallingstar, Peggy Dylan e meu querido Don Miguel Ruiz. Profunda gratidão à minha amiga Gini Gentry por sua torcida e seu amor incríveis e por ter me ajudado a encontrar o meu próprio caminho.

Ao meu primeiro círculo de irmãs – Autumn Labbe-Renault, Isis Ward, Saurin Shine, Sana Banks, Heather Wahanik, Aimee Carroll: sim!

À minha querida família tolteca por serem espelhos tão bonitos, especialmente ao meu mais querido amigo, Stephen Seigel, e a Laurence Andrews, Ted e Peggy Raess, Chuck e Tink Cowgill, Francis Puerto-Hayhurst, Allan Hardman, Jules J. Frank, Ed Fox, Siri

Gian Singh Khalsa, Stephen Collector, Rita Rivera, Gary van Warmerdam, Leo van Warmerdam, Barbara Simon, Niki Orrietas, Roberto Paez, Gae Buckley, Sheri Rosenthal, Stephanie Bureau, Lee McCormick, entre muitos outros: *Que tu sol sea brillante.*

A todos os amigos passados, presentes e futuros por serem professores e inspirações, especialmente à minha família e aos meus filhos favoritos: Autumn, Craig, Rowan, Kyra e Nash Labbe-Renault; e Jesikah Maria Ross, Thom Sterling, a família Normal e ao WEF.

Um grande abraço para Randy Davila e sua equipe por trazerem este livro para publicação pela segunda vez. Randy, você é um maravilhoso exemplo de pessoa, e eu me sinto muito abençoada por estar participando deste sonho com você.